宇宙人に聞いた幸せのひみつ

並木良和

WANI BOOKS

はじめに

あなたは今、悩みがありますか？　恋愛、仕事、お金、健康、人間関係……。

地球には、数えきれないほどたくさんの悩みがあります。

この本を手に取ってくれたみなさんも、きっと何らかの悩みを抱えていることでしょう。

これらは「全く別のテーマ」と思えるかもしれませんが、実はその〝根っこ〟はみんな同じ。だから、その〝根っこ〟さえ解決すれば、誰だって自分のやりたいことを楽しみながら、心豊かにワクワクしながら生きられるのです。

一つ、爆弾発言をさせてください。

実は、私たち人間にとって、**本当は「悩み」なんて存在しない**んです。

その理由は、とっても簡単です。人間はもともと能力がとても高くて、なんでもできる**「神様のような存在」**だったから。悩みなんてないし、望めばなんでもできる存在だったのです。今、みなさんが悩みに捉われているのは、そのことを忘れてしまっているだけ。

では、どうやったら、神様のような存在に戻れるのか？

それをサポートしてくれるのが、**宇宙人**なのです。宇宙人は私たちの周りにごく普通に存在し、私たちがより幸せになることを望んでいます。

どうして宇宙人がそんなことをしてくれるのか？　それは、幸せで満ち足りた人間が増えると、地球全体が幸せになり、よい星へと早く進化していけるからです。


どういうことかまだ理解できない、という人も大丈夫。これからゆっくり、わかりやすく解き明かしていきますから。

さあ、宇宙人との時間旅行に出発です！

プロローグ

並木先生のサロンにて。仕事を終えた並木先生が、ハーブティーを飲もうとしていると、突然、窓から宇宙人が入ってきた。

宇宙人　よっ。今、ヒマ?

並木先生　なんだ、宇宙人。キミだったんだね。また遊びに来たの?

宇宙人　まあね。それより誰と話していたの? 友達? いつも観察させてもらってるけど、ナミキンって友達すっごく多いよね。

並木先生　いやいや、友達じゃなくてクライアントさんだよ。僕のところに人生相談に来ている人。連絡をもらって、相談に乗るのが、僕の仕事の一つだから。地球の人たちの悩みを解決して、よりよい人生に軌道修正してもらうことが、僕の使命でもあるからさ。

宇宙人　へえ〜。それでかぁ。いや、さっきの人、すっごい大変そうな顔をしてたから、大丈夫かなと思ってさ。

並木先生　地球で生きていくのって、けっこう大変なのよ。キミたちには、わかんないと思うけど。

宇宙人 ふーん。例えば、何を悩んでいるの？

並木先生 多いのは、人間関係についてかな。学校とか、会社とか、家族とか、どこにいっても人付き合いは避けられないからねぇ。

宇宙人 そんなの、上手くやればいいじゃん。自分は自分、人は人、でしょ。

並木先生 いやぁ、日本人だけかもしれないけれど、気を遣ったりとか、いろいろあるわけ。

宇宙人 大変そうだなぁ。俺たちからしたら、命があって活動できるだけで楽しいけどな。

並木先生 それは、その通りなんだけどね。

宇宙人 ていうかさ、今まで悩んだことなんて、俺は1秒もないわ。愛用のUFOが壊れて飛ばなくなったときは一瞬驚いたけど、1秒で「直った」し。**「すべてなんとかなる」**って知ってるから、いちいちドキドキしない。そんな人生、疲れそー。悩んでるうちに、人生終わるわ。

並木先生 いやあ、キミの言っていることは、間違いないよ。

人生は、すべてなんとかなる。そして、命があって活動できるだけで、楽しい。

宇宙人　本当は、悩みなんて何一つないはず。でも、人間はそんな感覚をきれいさっぱり、ぜーんぶ忘れちゃった。だから、しょうがないんだよ。

やっぱり、みんな忘れちゃってるよね？　いや、俺もそうじゃないかと思ってたんだよ。

地球人って、もともと「なんでもできる存在」だったじゃん？

好きなときに、好きなものを手に入れて、行きたいところに一瞬で瞬間移動して、会いたい人に会って、やりたいことを楽しむ。「お腹が減った」と思えば、美味しいパンとワインが「ビョン！」って目の前に現れるし、空を自由に飛び回れる乗り物も、大きな建物も簡単に作れるし……。

並木先生　そう。「思ったこと」を、すぐに実現させることができるからね。

だから、悩みなんて本当はないはずだったんだけど。

宇宙人　どうしてそうなっちゃったのかな。

並木先生　それはね、みんな悩みたくて悩んでいるからなんだ。

さっきキミも話していたけど、僕たち人間って、もともと何でもできる存在だったでしょ？　だから、悩むことなんてなかったんだ。

宇宙人　でも、この地球という星には「怒り」「悲しみ」「不安」「恐れ」「嫉妬」など様々な負の感情や、悩みが存在していた。そうした感情を体験したくて、僕たちは地球にやってきたわけなんだけど……。

並木先生　それを、見事に忘れてしまったと。

宇宙人　そうなんだ。もともとは、テーマパークに遊びに来た感覚で地球を楽しんでいたんだけど、いつしかそれを忘れて負の感情に捉われてしまった。「恋愛に振り回される」アトラクションを自分で選んだのに、つらくて眠れないくらい悩んだり、「不安や恐れを体験したい」と思ったのに苦しみから抜け出せなくなったりね。

並木先生　どのアトラクションに乗るか、自分で決めたのに？

宇宙人　そう。だからさ、そのつらいアトラクションからさっさと出て、違うアトラクションに行けばいい。でも、「これって、単なるアトラクションじゃん」っていう事実をきれいに忘れているせいで、抜け出せなくなっているんだよね。

並木先生　なんで、自分で選んだことを忘れるかなぁ？

宇宙人　言うなれば、本来の自分が眠ってしまった状態なんだ。眠っていて夢を見ているときって、夢で見ていることを現実だと感じるでしょ。明晰夢もあるけれど、多くの場合は眠っている間は夢の内容を信じている。それと同じなんだ。

宇宙人 ふーん。ナミキンの仕事ってさ、その眠っている人たちを目醒めさせることなの？

並木先生 うん。難しいけどね。そのために「視点を変えてみて」とか、「自分ともっと繋がってみて」とか、アドバイスするの。ケースバイケースだけどね。

宇宙人 俺もね、そういうの、地球人にアドバイスしてあげたいと思うんだよ。やっぱり、ナミキンと一緒で、いろいろ視えちゃうし、わかっちゃうからさぁ。

並木先生 よし、俺がひと肌脱いでやるよ。ナミキンの仕事、手伝うわ。

でも、宇宙人の姿で僕以外の人の前に現れるのは、まずいと思うよ。

宇宙人 大丈夫、訓練してきたから。ていうか、地球人のこと、マジで知りたいのよ。「地球人が何を知りたいのか」を、俺が知りたい。だってほら、俺たち「全能すぎて」ヒマだから。ちょっと地球人の役に立って、感謝されてみてもいいかな～って。

並木先生 そういうこと？　じゃあ、いいよ。好きなときに現れてくれて。僕の勉強にもなりそうだし嬉しい！

宇宙人 楽しみだな〜。でも、すっごい「困ったちゃん」がいたら、どうしよう。もう「悩みの塊」みたいな人がいたら、俺の手にも負えないんじゃない？

並木先生 そういう人だって、たくさんいるよ。でも、どんなに苦しんでいる人でも「幸せになりたい」って願えば、絶対上手くいくものだからさ。

宇宙人 だよねぇ、俺もそう思うよ。いやあ、やりがいがありそうだな。

並木先生 姿を現すときだけは、気を付けてよ。問題は起こさないでね。ま、なんとでもできるか。なんてったって、宇宙人なんだから……。

CASE 4

健康の悩み

加齢による不調に悩む 陽子（47歳）の目醒め

CASE 7

恋愛の悩み

不倫を繰り返す翔太（26歳）の目醒め

CASE 8

存在理由についての悩み

生きる理由に悩む義男（59歳）の目醒め

主な登場人物

並木良和先生
（通称：ナミキン）

この本の主人公。幼い頃から宇宙人や天使などと会話できる不思議な力を持っていた。現在はその力をいかしてスピリチュアルカウンセラーをしており、これまで約1万人もの悩みを解決してきた。宇宙人とは長い付き合いで、「ナミキン」とあだ名で呼ばれるほど仲がいい。感情的になりすぎる宇宙人を上手くサポートする。

宇宙人

名前の通り、宇宙からやってきた生命体。好奇心旺盛で、ときどき地球に遊びに来ては地球人の生活をのぞいている。並木先生とは付き合いが長く、友人のような関係性。かわいらしい見た目に反して短気な性格をしているが、悩んでいる地球人の幸せを願う優しい一面もある。地球の文化や制度には少々疎い。

CASE 1 恋愛の悩み

結婚願望まみれのアラサー女、ミホ（30歳）の目醒め

モテるのに結婚できないのはなぜ？

夜12時前。仕事を終え、電車で帰ろうとしていた並木先生は、泥酔した女性が車内で寝込んでいることに気付く。

並木先生　あーあ、終点なのに眠っちゃっているわ。仕方ないなぁ。宇宙人、力を貸して！

宇宙人　ＯＫ、ナミキン！

強い光とともに宇宙人が現れる。二人は女性を両側から抱えて電車から降り、ホームのベンチに腰かけさせる。

宇宙人　ナミキン、この女子、めっちゃ臭くない？　いったい何の臭いなの？

並木先生　ああ、「お酒」ってやつ。楽しい気分で飲む分にはいいんだけどね。この星の人たちは、特につらいときに、浴びるほど飲むんだよね。

宇宙人　その気持ち、全くわかんねーわ。「つらい」って何よ？　また、地球人お得意の「不幸体験ごっこ」の一つ？

並木先生　その通り。この人は何がつらいんだろうね。素敵な美人さんなのに……。

ミホ　ギ、ギボヂワルイ……。ううっ……。

並木先生　ねえ、宇宙人。今すぐ、水もらえる？

宇宙人　まかせて！　こういうときって水が役に立つのか。えいっ！

並木先生　サンキュ。さすがじゃん。

並木先生はペットボトルの水を受けると、女性の肩を揺さぶり、水を飲ませようとする。女性は目を開け、並木先生の肩に掴みかかる。

ミホ　ううっ、私って男運サイアクかも……。ろくな男がいないわ。

並木先生　えっ、酒乱だ!?　てか、それを言うならあなたも相当、ろくな女じゃないですよ。

ミホ　そんなことないでしょ。私、すごくモテるんだから。

並木先生　へえ、じゃあ、誰か呼んで介抱してもらったら？

ミホ　それが、さっきフラれたばっかりなんだよね。

並木先生　じゃあ、元彼とか、……それか、アッシーくんとか、メッシーくんとか。

ミホ　アッシーとかメッシーって何？　新種のUMA？　意味わかんない。

並木先生　昔、バブルの頃にいたのよ（笑）。アッシーはいつでも迎えにきてくれる便利な男性、メッシーはご飯をご馳走してくれる男性って意味。

ミホ　あ、じゃあ、あなたはアッシー？

並木先生　はいはい。もう、話にならないから、とっとと家に帰りなさい。はい、このお金、返さなくていいから使って。改札を出たところに、タクシー乗り場があるから。

ミホ　すごい！　優しい人と遭遇しちゃった。あの……私の話、聞いてもらえません？

宇宙人　ナミキン、この人の話、めちゃ時間かかるよ。今、忙しいんじゃないの？

並木先生　うん。でもまぁ、悩んでいる人をほうってもおけないでしょ。

ミホ　ちょっとお兄さん、誰とブツブツしゃべっているの？

並木先生　え？　ああ、もちろんあなたとだけ話しているよ。……なるほど、いろいろストーリーが視えてきちゃった。……あなたの過去の男たち、けっこう数が多いよね。

宇宙人　しかも、毎回ひどい別れ方をしている。てか、全然成長してないじゃない。**「満たされない者同士が傷をなめ合っているパターン」**。地球人によくあるよな。

ミホ　その言い方、ひどすぎない？　男の数が多いのは、モテる証拠でしょ？

並木先生　とっかえひっかえしているだけじゃない？

ミホ　でも、そもそもモテなかったら誰も追ってこないでしょ？

並木先生　ふぅーん。自分で納得しているんなら、それでいいんじゃない？　じゃね！

ミホ　待って！　それがね、納得できてないの。だって、いつまで経ってもゴールインできないんだもん。私、今日で20代終わっちゃうのよ。

並木先生　てことは、あと数分で30歳の誕生日なわけ？　それは、おめでとう！

ミホ　イヤ〜!!　独身で30歳って、イタイだけでしょ。全然おめでたくないよ。

宇宙人　意味わからん。「独身で30歳ってイタイ」って、どゆこと？

ミホ　今の会社、私が女子の中で一番年上なの。周りはみんな20代で。

並木先生　いいじゃない、年齢なんて、ただの数字でしょ。

ミホ　しかも、結婚とかで毎年のように辞めていっちゃう。

並木先生　だって、その人はそれを望んだんでしょ？　**現実は、その人が考えた通りになる**んだから。

ミホ　え〜、私だって結婚を望んでいるのに。

並木先生　本当に？　本心からそう願っている？　本気で？

ミホ　う、うん……。たぶん。だから、周りが結婚すると焦っちゃうの。恥ずかしいし。

並木先生　あのさ、恥ずかしいっていうのは「世間体」を気にしているってことじゃない？「恥ずかしい」と感じるって、そういうことだもんね。でもさ、世間はあなたの人生の責任なんて取ってくれないよ。それより「自分の気持ちがわからない」ほうが、もしかしたら恥ずかしいことかもよ。

宇宙人　確かに。世間体を気にしすぎるっていうのも、地球人にありがちだよ。

並木先生　う〜ん……、この国は特に世間体を気にするんだよね。**世間体を気にすればするほど、自分の気持ちゃ目醒めから遠ざかっていく**んだけどねぇ。

ミホ　ん？　私、しっかり目醒めていますよ。酔いは醒めてないけど。

並木先生 いやいや。それじゃ起きていても、深～く眠っているのと同じなんだよね。えっと、どこから話せばいいかな……。まず一つ聞かせてほしいんだけど、あなたの幸せって、何？　周りの子みたいに、結婚して早く会社を辞めること？

ミホ そう。それがうちの会社の「普通」だから。

並木先生 でもさ、ちょっと視点を変えてみたら？　最近は結婚しない人や、仕事に生きる女性も多いしさ。あなたの生き方って、ある意味今どきなんじゃゃないの？

ミホ とはいえ、ねえ。

並木先生 とはいえ、何？　僕の知り合いにも結婚していない人って多いよ。

ミホ 私の中では、「30代未婚女子」とかありえないの。ずっと一人なんてごめんよ。彼氏がいないと、寂しくて生きていけないし。

宇宙人 地球人とは、そういう生きものなのか？　パートナーがいないと、死んでしまう生命体なのか⁉

並木先生 いやいや、そんなわけないから(笑)。宇宙人は、ちょっと黙っていて。

ミホ あの……、私、今すごく酔ってますけど、私たちの他に、誰かもう一人いる？

並木先生 それは酔いすぎ。ここには、僕とあなたしかいないよ。早く目醒めなさい、いろんな意味で。そもそもあなたは、「男性に幸せにしてもらう」って考え方でしょ？

ミホ もちろん。女性に生まれたからには、やっぱり男の人に愛されたいじゃない。

並木先生 その考え方、古くない？　昭和か！って感じじゃない（笑）。だってさ、男ナシの状態じゃ幸せになれないって言っているのと同じでしょ？

ミホ 大丈夫、私これでもけっこうモテてるんだから。

並木先生 モテるのはいいんだけど、結局、男に振り回される生き方になっちゃうでしょ。声をかけられるのを待ったり、付き合っても束縛したり、束縛されたり……。

ミホ えっ、ちょっと、なんで知っているの？

並木先生 そんなの、さっきから話を聞いていれば、なんとなく想像できるでしょ。それより、あなたの幸せを「男」とか「結婚」以外で答えてみて。

ミホ ……ごめん、ムリ。私の場合、自分を愛してくれる人と出会って結婚するのが幸せ。そして、その人がお金を持っていて、イケメンだったらさらにラッキーかな。

並木先生 じゃあ、もし、あなたが結婚した男性の収入や財産が減ったり、愛情を注いでくれなくなったりしたら、あなたは幸せじゃなくなるの？

ミホ そ、そうかも。愛してもらえない人生は、ちょっとつらいなぁ。

この世で起きることは、すべて自分の責任

突然、宇宙人がミホの前に姿を現す。
突き出た広い額、黒く大きな目、ツルツルの銀色の体。

宇宙人　おい！　我慢して聞いていたけどよ、お前には自分の意思ってものがないのかよ？　ちっちゃいときの夢でも思い出したらどうだ！　男以外に何かあるだろ？

ミホ　キャー！　何これ、ハゲてる！　体光ってるし！　誰？　っていうか、何？

宇宙人　そうか、あんたは「ハゲ」ってやつになりたかったのか。ナミキン、ハゲって何だ？

並木先生　あーあ、この宇宙人、ありのまんまの姿で出てきちゃってるし……。興奮すると、こうなっちゃうんだよね。まあ、いいや。あのね、この子はこの町のご当地ゆる

キャラなの。今、キャンペーンで町を巡回中だから気にしないで。ゆるキャラのわりに、きついことばっかり言ってない？　ま、いいか。相談に乗ってくれるみたいだし。でも、いくら考えても、思い出せないのよね、「夢」っていうのが。……あ、あった。お嫁さん。

並木先生　それ、本当にあなたの夢？　あなたのお母さんの夢なんじゃない？　よく言われていたもんね、「女性にとっての幸せは、結婚よ」って。

ミホ　確かに言われていたけど、それとこれとは関係ないでしょ？　ていうか、なんでそんな子供の頃の話まで知っているの？

並木先生　視えちゃうし、わかっちゃうの。だって、それが僕の仕事だから。

ミホ　視えちゃうって、占い師とか？　私、あんまり信じてないんだけど(笑)。でも、うちの母親、「女はお金持ちと結婚することが幸せ」が口癖だったから、多少影響されたかもしれないな。

並木先生　ちょっとそれ、古すぎじゃない？　考え方を、もっとアップグレードしてごらん。だって、あなた令和の時代に生きているんでしょ？　その気になれば、誰もが自分の力をいかして、活躍できる時代になっているんだよ。

ミホ じゃあ、逆に聞くけど「幸せ」って何なの？

宇宙人 一人で満ち足りていることでしょう！　一人でもワクワクしなきゃ！

ミホ ぜんぜん意味わかんない、このゆるキャラ。「一人でも満ち足りている」ってどういうこと？

並木先生 僕が通訳するから。ゆるキャラだから言葉足らずなんだよね。許してあげて。

ミホ そういうことなら仕方ないけど。

並木先生 ズバリ言うとさ、人って一人で生まれてきて、一人で死んでいくでしょ？　つまり、**その人の一生は、その人だけのもの**なの。どんなに友達が多い人でもね。そして、**その人に起こることは、すべてその人の責任。**だから、「自分の思い通りにならない！」って怒ってみても「それは自己責任ですよ」ってこと。「あの人のせいで、上手くいかない」って責任を他人に転嫁するのも、当然お門違い。それほど、人って、本来は自立したパワフルな存在なの。ここまではわかる？

ミホ いや、全然わかんないんだけど。だって、ドラマの再放送で見たことあるもの。ロン毛の先生役のおじさんが「人という字は……」って、黒板に文字を書きながら説明していたの。「人と、人とは、支え合うから人なんです」って。
並木先生 あの有名な古典ドラマね……。でも、あれはあくまでもドラマだから。
ミホ わかった。じゃあ、「人は独立しているもの」ってことで、話を進めていいわよ。
並木先生 ありがとう。人は一人で独立しているように見えても、厳密な意味では「一人」じゃないいんだよね。**目には見えない大きなものと繋がっている**んだ。そう感じたことはない？
ミホ ないけど。「大きなもの」ってなに？　ご先祖様とか、そういうやつ？
並木先生 うんとわかりやすく言うと、「本来の自分」。
ミホ ごめん、わかんないや。
宇宙人 ものわかりの悪いやつだなぁ。ナミキン、もっと噛みくだいて教えてやれよ。
並木先生 じゃあさ、「飾らない本当の自分」って言ったらわかるかな？　見栄を張ったり、背伸びをしたり、よそゆきの顔をしたりしない、「素」の自分ね。そんなありのままの自分で、やりたいことだけに集中して過ごす。そうするとワクワクするじゃない？　そのあり方こそが、僕たちにとっての最高の幸せなんだと思うよ。
ミホ うーん、わかったような、わからないような……。

並木先生　例えば、絵を描くことが好きな人なら、何時間でも没頭して描き続けることができるでしょう？　楽器を弾くことが本当に好きな人なら、そこが大きなステージじゃなく自分の部屋だったとしても、ワクワクしながら演奏できるはずなんだよね。それが「一人で満ち足りる」ってこと。そんな瞬間が少しでも多いことが、「幸せ」なんじゃないかな。
「この人と結婚できて幸せ」とか、「誰かに認めてもらって幸せ」って、これは本来の幸せのあり方からしたら、ちょっと違うと思うんだよね。だって、すべてが「他人」に依存しているでしょ？　まるで、誰かが幸せにしてくれるような、何かがないと幸せになれないような。そうでなく、**本当の幸せは、自分自身で作り出すことができるもの**なんだよね。

ミホ　じゃあどうして、私の母は「女性はお金持ちと結婚することが幸せ」って私に言ったのかな。

並木先生　娘さんには、しっかりとした人と結婚してもらって、お母さん本人は「悩むこと」から解放されたかったんじゃない？　もしくは、お母さんが叶えたかった望みを、娘さんに代わりに実現してもらおうとした、とかさ。

ミホ　そういえば、うちの母、結婚してからお金が足りなくて苦労した時期があったって、言っていたな。父の仕事が傾いた時期もあったから。

並木先生　そうそう。そんなふうに、なぜそんな価値観を押し付けられるのかを想像してみたら、気が付くことがあるかもね。

ミホ　じゃあ、どうして「女性はお金持ちと結婚することが幸せ」なんて価値観が世の中にはびこっているの？

並木先生　「お金持ちとの結婚＝幸せ」っていう価値観が存在するのはさ、どうしてもお金がすべてっていう「お金至上主義」の傾向が未だにあるからなんだ。「お金さえあれば、あらゆる望みが叶えられる」っていう幻想からきているんだよね。つまり、**「お金持ちと結婚すれば、望みが叶って得する」っていう考えに支配されている**んだ。

ミホ　得するねぇ〜。でもさ、そういう考え方を親に教え込まれたり、雑誌やテレビで何度も吹き込まれたりすると、疑わずに信じちゃうかも。

並木先生　そうだよね。悪意があるなしにかかわらず、洗脳みたいなものだから、仕方がないよ。気付いた瞬間から一つ一つ手放していくしかないよね。「根拠のない古い価値観、見っけ」ってね。
恋愛とか結婚って、人生における最重要事項みたいに捉えている人が多いけど、そもそも興味がなきゃしなくたっていいんだからね。実際、そう気付いた人から、どんどん恋愛や結婚をしなくなっている。でも、世の中の人が全員そうなっちゃうと、国全体でお金を使う機会も減るでしょう？
例えば、デートをしなくなると、観光地やデートスポットにお金が落ちなくなる。「異性にどう見られてもいいや」ってなると、美容業界やファッション業界が成り立たなくなる。**社会全体を経済的に上手く回すために、いろんな「洗脳」がある**んだよ。そういう見方をすると、あなたみたいに「恋愛至上主義」「結婚至上主義」の洗脳にかかっている人は、とっても都合のいい人ってことになるわけ。

ミホ　うーん、わからなくもないんだけど、いまいちピンと来ないんだよなぁ。

宇宙人　もういいよ、ナミキンの話も難しいわ！　この女子は、まだまだ目醒めないよ。眠ったままにしておこうよ。だって、**「恋愛に振り回されて苦しむア**

トラクション」を自分で選んでいるんだから。

ミホ　アトラクションって何？　なんかのテーマパークの話している？　私、けっこう好きなんだけど。

並木先生　ああ、えーっとね、そもそも**人間ってね、宇宙から地球に遊びに来ている存在なの。**

ミホ　……お兄さんさ、私が酔っているからって、騙そうとしてない？

並木先生　全然。とにかく、もう少し聞いて。まず、地球が大きなテーマパークみたいなものだって考えてみて。それで、あなたはジェットコースターみたいな絶叫系か、メリーゴーランドみたいな穏やかで楽しいアトラクションか、どっちが好き？

ミホ　うーん、メリーゴーランドかな。

並木先生　じゃあ、メリーゴーランドに乗って楽しめばいいよね。そうしたら、今度はこの話を人生そのものに置き換えてみようか。あなたは、どんな人生を送りたい？　「不安や恐怖に満ちた、心臓がバクバクする絶叫系の疲れる人生」か、「穏やかで楽しい人生」か。

ミホ 怖いとか、疲れるとかはイヤ。穏やかで楽しい人生がいいな。

並木先生 じゃあ、そっちの人生を生きるって決めればいい。**今の人生が疲れるんだったら、もっと「穏やかで楽しい人生」を選び直せばいい**じゃない？

ミホ え、それって、自分で選べるの？

並木先生 当たり前でしょ？　自分の人生なんだから！

ミホ む、難しそう……。人生って、そんなに簡単なものだっけ？

並木先生 「人生は難しく、甘いものじゃない」って信じていれば、あなたの人生はその通りになる。「人生は自分の思うとおりにできる、簡単なものだ」って自分で決め

れば、その通りになる。つまり、自分次第なんだよね。

宇宙人 天使ってなんで飛べるか知っている？　彼らが自分のことを「軽くて、自由だ」って思っているからなんだよ。あなたもどうせ酔っているのなら、心をもっと自由にしてごらん。もっと自由に、自分の可能性を想像してごらん！

並木先生 アトラクションを選ぶみたいに、人生って、本当は自分の気持ちだけで決められるんだよ。ちっちゃい子供だって自由に選んでいい。いちいちお母さんに意見を聞く必要もないんだから。

ミホ そう。誰かの承認なんていらないってこと。**すべては自分の意識次第で、どうとでもなる**んだよ。ただ、自分がそれを認めない限りは、変わりようがないけどね。自分が人生の主人公なんだから、自分で「そうだ」と決めたことはその通りになるんだよ。

並木先生 要するに、どんな人生を生きるか自分で決めていいってことだよね。いいと思う、そのシステム。じゃあ、私は「男の人にモテまくりのテーマパーク」で！

まあ、何を望んでもいいんだけど……。あなたはまだ、本当の意味で理解していないみたいだね。

実はもう一つルールがあって、自分の思い通りの人生を生きるためには、そのルールを受け入れる必要があるんだよね。それが、**「自己責任」**ってやつ。**1ミリたりとて誰かのせいにすることなく、100％自分で責任を取ること。**これが本当の意味でできるようになったとき、僕たちは自分の本来の力を取り戻して、人生を思う通りに生きられるようになる。

ミホ ふーん。ところどころだけど、わかってきた気がするかも。

並木先生 まあ、まずは頭でああだこうだって考えるのはやめて、「やりたいことをとことんやる」ってところから始めるのもアリだよ。人間って行く着くところまで行くと「もういいや、これで十分！」ってなって、自然と違う選択ができるようになるものなんだよね。だから、もしあなたの優先事項が恋愛なら、それをとことんやり尽くすのも、一つの手だよ。

宇宙人 そうだそうだ、ボロボロになるまで恋してろ！

幸せへの近道は、「結婚への幻想と執着」を捨てること

二人の言葉を聞き、ミホはうつむいて何かを考え込む。

ミホ　……あのさぁ、ちょっと考え方を変えてみたいんだけど、「結婚しない人生」って、アリなのかな？

宇宙人　当たり前でしょ！　ずっと言っているじゃん。

並木先生　もちろん、アリだよ。でも、本当の意味で自分を変えたいときは、その根底にある「ものの見方や捉え方」を変える必要がある。あなたの場合は今がんじがらめになっている**「結婚に対する幻想と執着」**がそれにあたるよね。
人間ってさ、自分の本当の幸せに繋がるものの見方や捉え方ではなく、自ら首を

絞めるような、窮屈な考え方に縛られてしまっていることが、圧倒的に多いんだよ。そして、それはどうやってわかるかというと、**「心地よいか、心地よくないか」**っていう感覚なんだ。

例えば、今の物の見方や捉え方が、あなたにとって心地よいのなら、それはあなたに役に立つということ。逆に、心地よくないなら、それはあなたにとって役に立たないということ。**自分の幸せにとって役に立たない考え方は手放せばいい。**すごくシンプルな仕組みさ。そのための方法を教えたり、もっと望む幸せに繋がるためのアドバイスをするのが、僕の仕事でもあるんだ。

宇宙人 オレもときどき手伝っているんだ！

ミホ へぇー。変わった仕事をしてるのね。

並木先生 そうだね。だって、そもそも自分がどんな幻想に取りつかれているのかさえ、わからない人がほとんどだから。まず、その幻想が何かを探すところから、スタートしなきゃならないじゃない？

ミホ 私の場合、それが「結婚に対する幻想と執着」だったってこと？

並木先生 そう。それを手放したら、ラクになるよ。

ミホ　そうかも……。後輩がどんどん結婚するから焦っていただけで、本当は私、そこまで本気で結婚のことを考えてなかったかもな。でもさ、自分が何をしたらいいか、わかんないんだよね。

宇宙人　さっきから言っている、仕事とか会社ってやつを頑張ってみたら？

ミホは顔をあげ、バッグから書類を取り出した。
それは──「妻になる人」の欄にだけ、署名がある婚姻届だった。

宇宙人　それは何？

ミホ　婚姻届を知らないの？　ま、しょうがないか、ゆるキャラだし。これは結婚するときの契約書みたいなものよ。

並木先生　結婚制度のシンボルだよね。ほら、地球人って「制度」とか「規則」とか、「決まり」やら「ルール」やらに縛られるのが大好きだからさ。
そして、自分たちでルールを決めておきながら、それに縛られる葛藤を楽しむっていう「謎の遊び」にドハマりしてるから。

宇宙人 ああ、あのドMの遊びかぁ。「あえて、苦しいことに身を投じる」っていう……。で、その紙切れって、いったい、どう使うのよ?

並木先生 あの紙に名前を書いたら、結婚して一生、一緒に仲良く暮らしますってこと。まあ、必ず同居しなくてもいいんだけど。最近、いろんな結婚の形があるから。

宇宙人 「一生」って、死ぬまでってこと? もし他に好きな人ができたらどうする?

並木先生 うーん、一応、「結婚したら配偶者の他に、好きな人を作ったらダメ」ってことになっている。だから、ときには本心を偽ることも出てくる。人間だもん、配偶者がいたって、他に好きな人ができる可能性なんて、いくらでもあるわけだし。その葛藤って、相当つらいはずなんだけど、本当のところ、好きでその現実を体験しているんだよね。つまり、**大好きな「恋愛ドラマ」を演じているわけ。**

宇宙人 もし、結婚していて、他の人と付き合ったらどうなるんだ?

並木先生 バレたら大騒ぎになるよ。離婚になるかもしれないし、慰謝料を請求されるかもしれない。芸能人なら、仕事もなくなるね。

宇宙人 そ、そうなんだ? けっこう厳しいな。

ミホ　当たり前でしょ、結婚って制度だから。民法とかで決まっているから。

宇宙人　逮捕されたり、牢屋に入れられたりするのか？

ミホ　「牢屋」って、古〜い。でも、そんな感じに近いかも。

並木先生　結婚しても、こっそり他の人と上手くやっている人もいるけどね。「不倫のスリルや苦悩を楽しむ」っていうアトラクションを選び体験してるって言えるかも。

宇宙人　なんなんだよ。じゃあ、そんな紙っきれ、あんまり意味ないんじゃないの？　てか、結婚制度って、わりとどうでもいいシステムだろ？

並木先生　まあ、ぶっちゃけそう言えないこともないね。

宇宙人　で、あんたはいったい、その紙っきれをどうしたいんだよ。男に逃げられたのに、大事にずっと持ってんの？

ミホ　ゆるキャラさん、イタいところを突くね……。

並木先生　それを持っていたら、次のステージに行けないことは確かだよね。だって、まだ執着という鎖で、あなたが望まない現実にしっかりと繋ぎ止められているのと同じだもん。

もし、婚姻届を自分の視界に入らないようにクローゼットの奥や天井裏に隠したとしても、あなたはそのことを「知っている」わけだから。潜在意識と呼ばれる、普段は意識していない深いレベルの意識では、いつもそのことに気を取られて、知らないうちにエネルギーを消耗していくことになる。そして、いつの間にか「望まない現実」から抜け出せなくなっちゃうんだよね。

宇宙人 ナミキンの言う通りだよ。見えない場所に隠したところで、心って意外と引っ張られるもんだよ。自分の行動が変わっていかねえよ。

並木先生 そうやってありもしない幻想に捉われていくことで、本当の幸せに導いてくれる、自分の心の声だって聞けなくなっちゃうよね。幻想を手放せばすぐ手に入るのに。挙句の果てに「誰でもいいから結婚しなきゃ」って焦り始めたり……。男っていうか、「婚姻届」に振り回される人生になっちゃうじゃない。てか、あなた、すでにそうなっているよね。その婚姻届、数年前から持っている

でしょ？　あ、ごめん。僕、いろいろ視えちゃうもんだから。

ミホの瞳から大粒の涙が流れる。
泣きながら婚姻届を破り、周囲に紙吹雪のように投げる。

ミホ

私、結婚なんて、別にしなくてもいいや！　私の人生は、私が決めるから！
30超えて未婚だって、いいじゃない！

「ろくな男がいない」と嘆く時点で、ろくな女じゃない!?

ニヤリと笑う宇宙人。
その瞬間、紙吹雪に紛れて宇宙人の姿がスーッと消える。

ミホ 嫌なものを破って、せいせいしたぁ！ あれ、ゆるキャラさんは？

並木先生 ああ、今ちょっとトイレに行ったみたい……。

ミホ へぇ、ゆるキャラさんもトイレに行くんだ。当たり前か。

並木先生 ところで、人が一人でも満ち足りて生きられるようになったら、恋愛なんかもうしなくていいんじゃない？

もちろん。恋愛をしたっていいし、しなくたっていい自由を得ることになる。生きているだけで楽しいし、幸福感を感じているからね。そんな軽やかな意識でする恋愛は今までとは全然違う体験になるし、楽しいはずだよ。

ミホ　「傷をなめ合う関係」とか、「相手に寂しさを満たしてもらおうとする関係」とは全く違う。相手に寄りかからない恋愛は最高だよ！

並木先生　一人でも幸せだったら、相手に頼るんじゃなく、与えることもできそうだよね。

そうだね。相手に与えたければ、与えればいい。でもさ、もし「与えたい」と思えなかったら、与えなくてもいいんだよ。自分が満たされて豊かであればあるほど、恋愛に限らずたくさんのものを与えられるようになるし、自然と与えたいと思えるようになる。とにかく、まずは**「あなたの心の声に一致して、したいことをする」**。これが大切ね。

ミホ　そんな「恋」って、確かに素晴らしいのはわかるんだけど、私の周りって、ろくな男がいないの。磁石みたいに、だめんずばっかり引きつけてきた気がする。

並木先生　あのさぁ、あなたが「ろくな男がいない」と感じている時点で、「もうこのゲーム、負けた」と思ったほうがいいよ。

ミホ　えっ、「負け」ってどういうこと？

並木先生　目に映ること、相手に対して感じることとって、合わせ鏡みたいなものなんだよね。

わかりやすく言うと、あなたが「こいつ、ろくな男じゃない」って感じている限り、向こうもあなたのことを「ろくな女じゃない」って感じているってこと。

実は、「ろくな男がいない」って思えば思うほど、「ろくな男がいないという物語を今日も満喫したいです」って、宇宙に願いを発信していることと一緒なんだよ。

そして、その願いがバッチリ叶っているわけ。だからもし、いい男に出会いたいなら、まずは自分の思い癖を変える必要がある。

ミホ ちょっと待って！　宇宙とか願いを発信とか、何の話？

並木先生 ええとね、僕たちは毎日いろいろな思考を巡らせる生きものでしょ。実は、それは宇宙にそのまま「願い」として発信されているんだ。そして、**宇宙は僕たちが発信したものを、「そのまま」返してくれる**んだ。思えば思うほど、考えれば考えるほど、それは強いエネルギーとなって、同じ種類のエネルギーを引き寄せるパワフルな「磁力」になる。

つまり、**ポジティブな思いはポジティブなエネルギーを、ネガティブな思いはネガティブなエネルギーを引き寄せる。**これが、いわゆる**「引き寄せの法則」**って呼ばれるものなんだ。宇宙はこの仕組みで成り立っていて、例外はないんだよね。

だから、「私の周りには、満ち足りた素敵な男性ばかりが集まっています。私はそんな男性と、満ち足りた恋愛を楽しんでいます」って考えてみて。そして、実際にその状況を得たときに感じるであろう、幸せや満ち足りた気持ちを想像して、宇宙に発信してみてごらん。

ミホ

その前のめりな姿勢、なんかやばくない？

並木先生

やばくなんかないさ。これが宇宙の法則なんだから。声に出さなくても、心の中で強く思うだけでもいいんだよ。宇宙の構造上、僕たちが想像できるものは、どこかの次元にすでに存在しているわけ。だから、その自分とコミュニケーションを取ることだってできるんだよ。

例えば、あなたが望む世界を生きている「未来」の自分の姿を想像する。そして、その自分にどうしたら願いを叶えられるのか、聞いてみるのも面白いよね。もしくは、未来の自分にこんなふうに言われているのをイメージしてみて。

ミホ 「何を悩んでいるの？　あなた、あと数ヶ月もしたら理想の彼氏に出会って、一年以内に結婚しているわよ」って。

並木先生 思い込み、激しくない？

ミホ あのね、さっきも説明したけど、**宇宙にはたった一つの法則しかなくて、それは「与えた意味を体験する」ってもの**なの。あなたが人生という現実に、「こうだったら最高、嬉しい」って意味を与えれば、それを受け取ることになる。つまり、あなたが望む現実を体験できるってこと。

並木先生 ごめんなさい……。お兄さんの言葉、本当にわかんない。

ミホ ていうか、あなた今、酔っているでしょ？　僕もお酒好きだからわかるけど、酔っている瞬間って周りが一瞬、「夢」みたいに見えるときってない？　**現実も本当は、ただの「夢」。**つまり、**幻想**なんだよ。英語で言うとイリュージョンってやつね。

酔いが醒めたら、改めて考えてみて。って、なかなか難しいよね。それよりさ、もう「男探し」にエネルギーを使っている場合じゃないでしょ。じゃあ、どんなことにエネルギーを使えばいいの？

「楽しい」ことを選べば、心が満たされる

並木先生　自分で自分を満たす方法を、たくさん身に付けること。男の人に満たしてもらうんじゃなくて、もっと自分で自分を大切にすればいいんだよ。自分で自分をかわいがってあげるの。

ミホ　やっぱり、わかんない。自分で自分をかわいがるって、なんかイタくない？

並木先生　いい？　わかりやすく言うと、もう「男ウケ」とか「愛されキャラ」とか、そんなこと考えなくたっていいってこと。男ウケ優先の服装も、卒業すること。もちろん、それが本当に好きで気分がアガるのならいいんだけどね。

ミホ　えっ、そうなの？

並木先生　わかりやすく言うと、自分が心から好きなスタイルを選ぶことが、幸せに繋がっていくってこと。「男ウケ」も「若作り」も意識しなくていいんだよ。自分の気持ちがアガる服を着ることが何よりも大事。まあ、会社に行くときは「会社ウケ」

も必要かもしれないけど。でも、休日くらいは本当に自分が好きな服を着て楽しむこともできるでしょ。

ミホ うん、うん。わかる気がする。

並木先生 「この服の肌ざわりが好き！」とか、好みがあるでしょ？ そういった自分の心地よさを大事にしてあげればいい。「このきれいなブルーを見ていたら、なんだかとっても和む」とか、いろいろ感じると思うんだよね。

ミホ それなら、たくさんあるかも。

並木先生 「露出の多い服で、みんなの視線を集めること」が楽しいんだったら、とことんその路線でもいい。でも、あなたは本当にそれを望んでいる？ もし、違うスタイルに興味があったり、無理してそのファッションを選んでいたり、本当は好きじゃなかったとしたら。それって、全然幸せとは言えないじゃない？

ミホ 実はさ、本当は落ち着いたファッションが好きなんだけど、ずっと彼氏の好みを最優先していたんだよね……。

並木先生 そういうのをやめると、当たり前のようにすごくラクになるよ。人の好みに合わせるのって結局、「その人に興味を持ってもらったり、褒められたり、愛されたりしなきゃ、自分自身が幸せになれない」って言っていることと同じだから。それって、誰かに幸せにしてもらわない限り、自分は幸せになれないってことでしょ？　あなたはそう宇宙に宣言し、叶うよう願っているんだよ。それはとりもなおさず、他人に振り回されているってこと。ほら、よく「他人軸」って言うじゃない？　そうじゃなくて、自分と繋がって、自分優先の「自分軸」で生きればいいの。

つまり**「自分が本当に楽しいと思うこと」や「好きなこと」を、日常の中にできるだけ多く取り入れて、自分の気分をよくすることに意識を向ける**ことが大切なんだよね。

ミホ　もう少し詳しく教えてもらえる？

並木先生　例えば、好きな音楽を聴く。きれいな花を見る。心が落ち着くアロマの香りを嗅ぐ。マッサージを受けて、リラックスする。お気に入りの入浴剤を入れて、お風呂の時間を楽しむ。そんな瞬間って、一人でも幸せを感じない？　どう？

ミホ　それならわかるかも。でもさ、私の職場ってとっても忙しくて、休みも少ないの。休日出勤だってあるし。なかなか「きれいな花を見る」とかできてない。正直、

並木先生 お風呂なんてゆっくり入る暇がないから、シャワーだけで済ませてるし。もちろん、今自分のできる範囲でいいから、少しずつ取り入れていってごらん。僕たちって毎日、毎瞬が選択の連続でしょ？ 身近なところで言えば、夕食を家で食べるか、外で食べるかっていうこともそうだよね。そのときに、「どっちを選んだほうが、私の心と身体は喜ぶかな？」とか、些細なことでいいから、少しでも自分の気分がよくなるほうを選ぶこと。最初はこんなことでいいんだよ。これだけで人生の流れが変わっていくから。

ミホ え～、そんなに簡単に変われるのかなぁ？

並木先生 「一生ものの生きがいを見つけなさい」とは言わないから。好きな入浴剤を何種類かストックしておいて「今日は、どれを入れようかな」って考える瞬間とか、ワクワクするでしょ？ 自分のお気に入りの曲だけを集めて、スマホに入れるのだっていい。そういう一人で完結する趣味を増やしていくの。それもできないって言うほど忙しいんだったらさ、「朝食用に美味しいパンを探す」とかでもいいわけよ。さすがに、朝ご飯は家で食べるでしょ？

ミホ うん。それなら私でもできそう。「美味しい料理を作りなさい」って言われたら、

並木先生 厳しいけどね。大丈夫。これは大原則なんだけどね、**「今の自分には厳しい」って感じることは、今やることじゃなかったり、すごくエネルギーを使うこと**なんだよ。だから、頑張る必要はない。今は、そのときじゃないんだから。でも、もし今の仕事がイヤじゃないなら、続けていていいと思う。そして、朝のパンをゆっくり選ぶ心の余裕があるのなら、それを楽しみにしたらいい。

ミホ わかった。週末ならコーヒーを豆からひいて飲む余裕もあるかも。昔、豆にハマったんだ。それも当時の彼氏の影響だけど、「いいな」って素直に思えたの。

並木先生 おっ、ワクワクできること、いっぱい出てきたじゃない。その調子だよ。そうやって心を満たしていけば、自分の直感に気付きやすくなる。そして、周囲の雑音も気になりにくくなる。「他人に評価してほしい」「愛されたい」っていう思いからやってくる、焦りや苦しみも手放しやすくなるからね。

ミホ ありがとう、やってみる！　心を満たして、自分の直感を磨けばいいのね？

並木先生 そう。でも、難しく考えたらアウト。頭を使うんじゃなくて、感じることに意識を集中させて。昔、映画であったでしょ。「Don't think. Feel!」って名セリフ。「考えるな、感じるんだ！」って。

ミホ ごめんなさい、それって、私が生まれてない頃の映画っぽい。

並木先生 あ、そう……。でも、本当のことなんだよ。頭を使えば使うほど、直感から遠ざかるから。**幸せになるコツは「私はどう感じる？」って毎瞬意識すること。**そうやって、まず自分軸に繋がることが何より大切なんだよ。

ミホ でも、男目線はまだ気になるな。人って、そんなに急に変われないでしょ？

並木先生 いや、「変わるのに時間かかる」っていうのも一種の思い込みだよ。僕も昔は感じたことがあったけど、でも、自分がそう思い込んでしまったら、本当に時間がかかってしまうんだ。さっきも説明した通り、**人生は自分で決めた通りになる**、それが引き寄せの法則だから。何でも簡単さを選ぶことが大事なんだ。難しく考えずに、ただ「簡単なほうを選ぼう」くらいの軽やかさで選べばいいんだよ。そうすれば自然と問題を解決する方法が見えたり、直感的にわかったりするものだから。まあ、自分が決めたんだから、当たり前のことでもあるんだけど。

ミホ ということは、私今まで自分で選んで苦労していたってことかぁ。

並木先生　そうそう。どんな小さな選択でも人任せにしたり、適当に選ばないことが大切。それだけでも、本来の自分と繋がりやすくなるから。自分の心と身体に、「どっちの選択をしたほうが喜びを感じるか？」って聞いてみるんだよ。

ミホ　「自分と繋がる」かあ。「人と繋がる」ことしか考えたことなかったな。

並木先生　実は、自分自身と繋がることが一番大切で、なおかつ難しいことでもあるんだよね。そもそも、周囲や他人を優先してばかりで、自分自身の声を聴かないようにしている人がほとんどだから。でも、いったん自分自身と繋がり始めると、どんどん幸せになっていくのがわかるようになるよ。自分を生きるってこんなに素晴らしいことだったのかって、改めて見直せるようになるから。

ミホ　わかった。すごくいいお話を聞かせてもらったわ。でも、全部忘れちゃいそう。

心を満たす、「こひしたふわよ」の法則

並木先生がバッグをゴソゴソと探り、メモ用紙を取り出す。
丁寧に文字を書いてミホに渡す。そこには、こう書かれていた。
「心地よい・惹かれる・しっくりする・楽しい・腑に落ちる・ワクワクする・喜びを感じる」

並木先生 ゆるキャラや僕のことは、全部忘れてもいい。でも、これだけは覚えておいて。**「こひしたふわよ」**。悩んだら、この7つの感覚に従って選べばいいから。

ミホ 「こひ」って「恋」のこと？　あっ、恋愛ごっこは封印するんだった。

並木先生 そうそう、その調子（笑）。あなたの人生は、他の誰でもないあなたのものなんだから。そして、自分でデザインした通りになっていくんだから、他人からの言葉

や評価に振り回されないようにね。それから、お酒は楽しくほどほどにね。

ミホ　ありがとう、感謝しています！　今度、お礼に何かご馳走しなきゃ。

並木先生　私、今日、お金はあるから、さっき渡してくれたお金、返しておくね。

ミホ　本当に大丈夫？　これからは気を付けてね。ところで、どんなお酒が好きなの？

並木先生　何でも。とりあえずすすめられたものを飲むことが多いかなぁ。

ミホ　それそれ！　あなたの弱いところは！　そういう飲み方もアリだけど、お酒の種類や銘柄にこだわると、もっと楽しく飲めるようになるかもしれないよ。

並木先生　苦しいときに飲むお酒って、とりあえず酔えたらいいやって思っていた（笑）。

ミホ　あのさぁ、それ、あなたの恋愛の仕方と同じだから。こだわって選びなさい！

ミホの前に1台のタクシーが滑り込み、後部座席の扉が開く。助手席に座っている宇宙人が、並木先生にこっそりと手を振る。

並木先生　運転手さん、僕の大事な彼女なんで、よろしくお願いしますね。じゃ、おやすみ！

ミホ　「彼女」……？　あ、最後にＬＩＮＥ教えてよ。

並木先生　それより、メモを渡したでしょ。あれ、すっごく大事だから。じゃね！

タクシーの扉が閉まる。
運転手に行き先を聞かれ、ミホは自宅の住所を答える。
ミホはバッグから並木先生の手書きのメモを取り出して見つめる。

ミホ　なんか、楽しかった。私、あの人のこと好きになっちゃったかも。超紳士だった！

宇宙人　いい恋は、30代からなんじゃないの。

ミホ　えっ？　運転手さん、今、なんか言いました？

運転手　いいえ。ラジオの声じゃないですか。

宇宙人とミホを乗せたタクシーの後ろを、円盤型のＵＦＯがぼうっと光りながらついていく。

宇宙人からのメッセージ 1

「幸せ」とは、
一人で満ち足りていること。
一人でもワクワク
できるようになろう。

CASE 2 仕事の悩み

転職に踏み切れない 拓馬（34歳）の目醒め

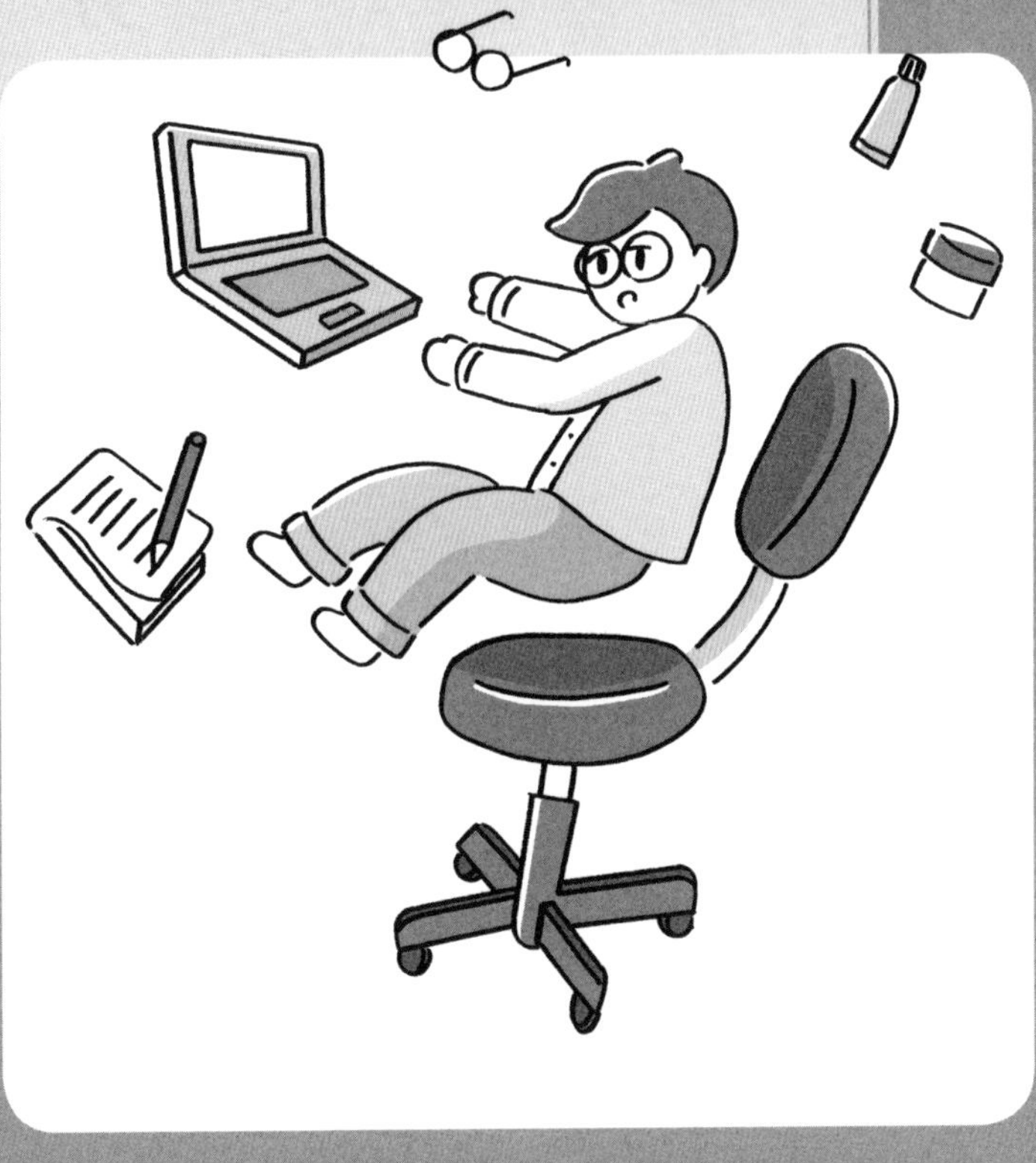

不調は自分自身からの「サイン」

ある日曜日。ドラッグストアの店内で、歯ブラシを選ぶ並木先生。
ぼうっと光る物体（宇宙人）が、並木先生に向かって近づいてくる。

宇宙人 ねえねえ、その細い棒を選ぶのって、まだ時間かかりそう？

並木先生 すぐ終わるよ。これ、歯ブラシって言って、食後に歯を磨くためのものなんだ。

宇宙人 ああ、みんな口に突っ込んで、一生懸命磨いているよね。地球人は大変だよなぁ。俺たち、食事はビーカーで液体を飲むだけだから、お口のケアなんて何もしなくてＯＫだよ。

並木先生 宇宙人ってさ、健康に無頓着なのに、全然病気にならないよね。

宇宙人 基本、健康だね。それよりさ、ちょっと大変そうな青年を発見しちゃったんだ。

並木先生 様子が変なんだよ、来て来て！

並木先生　そうなの？　どこどこ？

宇宙人に導かれて移動すると、薬の陳列棚の前に一人の青年が立っている。青年が抱えている買い物カゴは、薬で山盛りになっている。

並木先生 うわっ、爆買い⁉　どうしたんだろう。何か嫌なことでもあったのかな？

宇宙人 やばいでしょ？　あの薬の量、ちょっと心配になるよね。

並木先生 あの薬には理由がある。……ふーん、ＯＫ！　彼のこと、なんとなく視えたよ。

宇宙人 透視早っ！　さすがナミキン！

並木先生 どうやら急いで解決したほうがいい問題みたい。少しだけ話してくる。あんなにたくさんの薬に手を出したら身体によくないし、誰も注意しないだろうから僕が話さなきゃ。宇宙人、ここはキミの力で、誰も来ないようにガードしてて！

宇宙人 お安い御用だよ。人除けビーム、発射！

並木先生が笑顔で話しかけると、青年はゆっくり振り返る。

並木先生　ちょっとごめん。僕、整体院で働いてた「癒し」のプロなんだけど。あなたの症状を和らげる方法、知ってるよ。

拓馬　え？　「癒し」のプロ？

並木先生　突然驚くよね。でも、薬がからむことだから見過ごせなくて。僕、今までいろんな人を癒してきたんだ。ちょっとだけ、話をさせてもらってもいい？

拓馬　はぁ？　僕の症状がよくなるんだったら、いいですけど。

拓馬がシャツの袖をまくると、そこには真っ赤な湿疹ができていた。

拓馬　実は、一ヶ月ほど前に突然湿疹ができて治らないんです。でも、仕事が忙しくて病院に行く暇もなくて。

並木先生　あなたは、病院に行けば治るって思ってるんだ？　それで、代わりにドラッグストアに来たわけ？

拓馬　え、何かおかしいですか？　病気って、病院に行ったり薬を塗ったりして治すものでしょ？

並木先生　立ち入ったことを聞いてもいい？　僕、職業柄いろいろ視えちゃうんだけど……あなた今、ストレスすごくない？　身体じゃなくて心へのストレスが。

拓馬　わ、痛いところ突かれたな。さすが癒しのプロですね。わかりますか？

並木先生　もちろん。その湿疹が動かぬ証拠だよ。**身体に出る症状って、心からやってくる「サイン」なんだ**よね。もしかしてあなた、まだその「サイン」に気が付いてないの？

拓馬　「サイン」って、何の話ですか？

並木先生　あなたは、今、「本当の気持ち」にフタをして、苦しい状態で仕事に向かっているはず。表面的には「頑張れる人」に見えるし、それなりに仕事の結果も出せてはいるけど、本当の自分が「そろそろ、自分を偽るのはやめにしてくれ」って「サイン」を送ってきてるんだよね。

拓馬　……すごいですね。どうして僕のことがそんなにわかるんですか？

並木先生　だから、その湿疹が、教えてくれてるんだってば。あなた、全く気が付かない？

拓馬　そんな考え浮かびませんよ。焦って、薬を買いにきただけなんですから。

並木先生　もし、ここに売ってる薬のどれかで、その症状を抑え込むのに成功したとするじゃない？　そしたら、今度は別のところに症状が出ることになるよ。

拓馬　えっ！　どうしてですか？

並木先生　あなたが、**「本当の気持ち」に従って動かない限り、身体はずっと「サイン」を送ってくる**んだ。「サイン」と言っても、楽しいものじゃないよ。たいていは身体の不調や病気、ケガといった嬉しくない形で現れる。人って、何かの症状が出ることで、ようやく自分の身体のことを考えるようになるじゃない？　健康にどれだけ無頓着な人だって、「なぜこんな病気になったのか」「何が悪かったのか」って、自分に向き合うことになるでしょう？

拓馬　なるほど。確かにそうかもしれません。

並木先生　わかってくれたかな。じゃあ、次のステップに行くよ。まず第一に、あなたは「本当の気持ち」に気付いてる？　僕はこれまで大勢の人にカウンセリングをしてきたんだけど、「自分の本当の気持ちがわからない」っていう人がすごく多いんだよね。**「本当の気持ち」に気付いて、進む方向を少し変えるだけで、人生は上手く回り始める**んだけど……。あなたの場合は、職場でのストレスがそれを妨げてるね。

拓馬 よくわかりましたね！　あの……、この際だしちょっと聞いてもらえますか？

並木先生 OK。僕、情報を少しもらったらイメージが広がって、いろいろなものが視えてくるんだ。いいよ、話してみて。

拓馬 ありがとうございます。僕は今、ウェブデザインの会社に勤めていて、そこで企業のホームページを作っているんです。

並木先生 最初は楽しかったでしょ。

拓馬 はい。僕は美大出身で、子供の頃から絵を描くことが好きで。とはいえ、画家になる才能はないから、諦めて今の仕事に就きました。少しでも物作りに関われたらいいなって。でも、入社して10年近く経って、ホームページが作れるだけで嬉しい時期はとっくに過ぎてしまって。「本当にやりたい仕事は他にあるんじゃないか」って思い始めたんです。

並木先生　もともとは「作りたいもの」が明確にあった。でも、会社でやっている仕事と、自分が望む方向性が違ってきてしまった、と。

拓馬　まさに、そうなんです。うちの会社、最近は女性向けのコンテンツばかり受注するようになって。数年前に制作したサイトが賞を獲ったんですけど、それから「若い女性向けサイトなら業界一」って言われ始めたんですよね。それで、「女子ウケ狙い」の仕事ばかりくるようになっちゃって。業績がいいのはありがたいんですけど、興味がない分野の仕事を続けるのって、けっこうきついんですよね。

並木先生　周りから見ると、あなたの会社もあなた自身もイケてる。でも、あなたの本当の気持ちは無視されている。そういうパターンって、多いんだよ。**一度成功した人や特殊な才能に恵まれた人が、陥りやすい**パターンだね。

拓馬　そうなんですか？　僕は特に成功したわけでもないし、才能に恵まれているかはわかりませんけど。でも、言われてみれば「コーディング」は得意かな。

並木先生　おっ、いいね。どんな作業なの？

拓馬　コンピュータ言語を使って、ホームページの設計図を書くことなんですけど、速いし正確だって社内で評判なんですよね。

並木先生 いいねえ。今っぽいじゃん!

拓馬 正直、この腕さえあれば、どこの会社に行ってもやっていけると思うんです。

並木先生 おお。じゃあ、転職しちゃえば?

拓馬 やっぱり、そう思います?

並木先生 え、ダメなの?

拓馬 いや、転職したいんです。こんなふうに口にしたのは初めてですけど。

並木先生 **自分の気持ちは何より大切なものなんだから、閉じ込めちゃかわいそう**だよ。声に出したり、紙に書いたりしてもいいね。

拓馬 いやぁ、あんまりあけすけなのもどうかなって思って。

並木先生 誰かに伝えなきゃってことはないけど、せめて一人でいるときは大きな声で言ってもいいんじゃない? そうでもしなきゃ、自分の気持ちに気が付かないよ。

拓馬 そうだけど……でも実際、転職するのが怖いんです。だから、「転職したいけど、上手くいくかわからないから悩み中」ですね。

並木先生 言ってもいい? 身体に原因不明の湿疹までできているのに、そろそろスパッと決断できないの? 新しい世界に踏み出そうって。

拓馬　……実は、転職して環境が変わるのが不安なんです。スキルに自信があったって、会社に所属する以上、そこでの人間関係を上手くやらなきゃいけないでしょう？

並木先生　うん。それはもちろん、人間関係がいいに越したことはないよね。

拓馬　そうですよね。でも、人間関係をイチから築くって、相当大変だと思うんです。

並木先生　うん、うん。でも、今よりも好きな仕事に没頭できる可能性もあるよね。

拓馬　それはそうですね。今、本当につらいんですよ。女性向けの内容だから。

並木先生　立ち入ったことを聞いてもいい？　「女性向け」って、具体的にどんな情報を発信してるの？

拓馬　女性向けのファッションブランドのサイトとか。美容院やネイルサロンの予約を取るためのサイトとか。化粧品メーカーのサイトも、たくさんやってきたなぁ。

並木先生　なるほど……。要は、美容系ってことか。確かに、興味が湧かない男性も多いだろうね。でも、あなたは腕がいいからオシャレで使いやすいサイトに仕上げられる。コーディングの腕に加えて、美的なセンスも持っているし。

宇宙人による転職のススメ

突然、拓馬の前に明るい光がやってきて、宇宙人が姿を現す。

宇宙人 おい！ ずっと聞いていたけど、まどろっこしくて見てられねぇ。さっさと転職しちまえよ！

拓馬 うわっ、何これっ？ ぬいぐるみ？ ロボット？

宇宙人 ぬいぐるみじゃねぇ、俺はれっきとした宇宙人だ！

並木先生 また驚かせてごめん。これ、僕の友達の宇宙人だから安心して。

拓馬 ええっ⁉ 宇宙人の友達がいるなんて、あなた、いったい何者なんですか？

並木先生 この人、悪気はないから。宇宙人って、地球にも実は普通に存在してるんだ。宇宙から来て、地球に住んでいたりね。たいていの宇宙人は「地球人の役に立ちたいなぁ」って思っていて、姿を消して人間をこっそり観察してるんだ。

宇宙人 お前さんの身の上相談を、聞かせてもらったけどさ。話の展開が遅すぎて、イライラするから、直接アドバイスしてやろうと思って出てきたよ。さあ、この「自分に不誠実な優柔不断野郎」を料理してやるか。

拓馬 料理ですか!? 僕、食べられちゃうんですか？

並木先生 いやいや(笑)。あなたが「本当の気持ち」に気が付くよう、コーチしてあげるって意味。ね、宇宙人？

宇宙人 そうだよ。俺はいつも自分の気持ちに正直に生きている。だから、ストレスなんてないし、病気とも無縁でいられる。ナミキンだって、そうだよね。

並木先生 うん。毎日、本当に好きなことをして暮らしてるよ。そうなるまでに少し時間はかかったけどね。でも、子供の頃から「本当の気持ち」は大事にしてきたかな。

拓馬 そうなんですか。もう会社に就職したら、僕自身の「本当の気持ち」なんて我慢しないといけないと思ってた。だって、お給料をもらってるわけだし。

宇宙人 こんなにピュアな青年が湿疹に悩まされるなんて、泣けてくるわ。

並木先生 そうなんだよ、何とか協力できない？

宇宙人 まずはウミを出しきらなきゃな。お前さんの中に溜まっている感情、ここで全部吐き出しちゃえよ。何を言ってもいいよ。説教なんてしないから。

拓馬 えっ、本当に言ってもいいんですか？　雇われの身だから、「思っていることを口にしない訓練」とか、よくやってたんですけど。

並木先生 「思っていることを口にしない訓練」って、いったいどういうこと？

拓馬 僕、仕事に役立てたくてビジネス書を読んでいて。あるベストセラーに「成功したいなら、思っていることは飲み込め」って書いてあって、実践中なんですよ。

並木先生 本当に⁉

宇宙人 なんだそれ‼　ひでーな。そんなことを真に受けて、自分の感情を押し殺してきたってわけか。だから、ブツブツが出てきたんだよ！

拓馬　すみません……。確かにその通りだと思います。

並木先生　そんな訓練を何年も続けてきたんだもん。そりゃ、どんなに若くて健康でも、おかしくなるよ。あのさ、いろんな職業があるけど、「本当の気持ち」を押し殺さなきゃいけない職業って、けっこうあるんだよね。

一般的には、偉くなればなるほど、有名になればなるほど、本音と建前を上手く使い分けなきゃいけなくなる。芸能人だってそう。アイドルだって、よく「恋愛禁止」って言うじゃない？

拓馬　ああ、確かに。自分の気持ちなんて、出せないですよね。だから、苦しくなって、突然引退しちゃうのかもなあ。

並木先生　そう。だから、長い目で見ると「本当の気持ち」のままで働くことができる仕事、言い換えれば **「自分の気持ちに正直に生きること」** が、大切なんだよね。そうじゃないと、あなたみたいに「サイン」にすら気付けなくなっちゃう。

拓馬　おっしゃること、すごく身に沁みます。

並木先生　「サイン」に気が付かないと、どうなるかわかる？

拓馬 えっと、症状がもっとひどくなるとか？　ブツブツ以外にも、別の症状が出てくるとか？　うわー、イヤな展開だな……。

並木先生 その通り。ちゃんと、わかってるじゃん！　よくさ、「ある日突然倒れてしまった」とか、「突然、命に関わる病気だと宣告された」っていう話を聞かない？　あれって、「ある日突然」起ったことじゃなくて、何ヶ月、何年も前から出続けていたサインを、無視し続けてきた結果のことも多いんだ。

拓馬 ええっ、本当ですか？

並木先生 そうだよ。「サインに耳を傾けてください」って呼びかけ続けても、「忙しい」「家族がいるから休めない」「生きていくためには仕事をしなきゃ」「会社を辞めて、次の職場が見つかるかわからない」って、サインを無視し続ける。あまりに耳をかさないでいると、「いい加減、耳を傾けてください！」って強制ストップがかかって、「突然の不幸」が降りかかるわけ。でも、倒れても入院しても、「サイン」を無視して頑張り続けちゃう人っているんだよね。病室にまで仕事を持ち込んだり。そういう人って**自分で命を縮めている**のと同じなんだよ。

拓馬 怖っ！

並木先生　「サイン」をないがしろにするから、そうなるんだ。「突然死」「過労死」だってそう。自分自身と向き合わず、本当の幸せを自分に与えることもなく、肉体と別れることになる。せっかく授かった地球上での人生なのに、もったいないでしょ？

拓馬　確かに、過労死は避けたいですね。僕、仕事自体は大好きなんですよ。こんな中途半端な状態で体調を崩して、二度と活動できないなんて絶対に嫌だな。

並木先生　そう。いくら若くて健康でも、身体をないがしろにしちゃダメだよ。自分の身体を大事に扱うことと、本当の気持ちを尊重することって、同じなんだよ。だから、あなたが湿疹を治そうと薬を買いにきたのは、ある意味正しい行動と言える。でも、それ以前にまず自分の「本当の気持ち」に耳を傾けることが大切だよね。

宇宙人　横入りして悪いんだけどさ。俺、せっかちだから、早く解決したいんだけど。お前さんの「本当の気持ち」、ここで言ってみろよ。

拓馬　えっ？　でも、こんなところで言いにくいなぁ。

宇宙人　そんなこと言っていると、重症化していつか命まで失っちゃうぞ。

拓馬　あの、「本当の気持ち」を軽く見ていると、どうして命を落とすんでしょう？

並木先生　簡単だよ。僕たちは**「自分の才能をいかして可能性を最大限に発揮しながら、自分らしい人生を楽しみ、生き切ること」が人生の「目的」**なんだ。そのためには、「本当の気持ち」を大事にしないと。自分以外の誰かになるために生まれて来たわけじゃないんだから、他の人と比べたり、誰かに合わせたりする必要は全くないんだよ。「波風を立てないように、本当の気持ちを押し隠して生きる人生」が間違いだとは言わない。でも、僕たちが肉体を持って生きている事実を、もっと重く考えてほしいんだ。

この地球に生まれたのはたまたまなのか、好きなことや関心のあるものとの出会いは偶然なのか。なぜ、何十億という人間がいて、それぞれ個性があるのか。

僕たちは、**持って生まれた自分の可能性をいかし、周囲の人と一緒にいかにWIN-WINな生き方をできるか、模索していくことが大事**なんだと思うよ。

拓馬　なるほど。じゃあ、僕はウェブデザインの仕事が好きで、誇りを持っているから、それをいかす生き方を考えればいいんですね。

「組織」から「個」の時代へ

宇宙人　お、やっと本音が出たな。じゃあさ、お前さんの才能をいかすために、やるべきことを決めていこうぜ。ブツブツが出ちゃうような会社、さっさと辞めちゃえよ。最近の宇宙の流れを言うとさ、**これからは「個」の時代**なんだよ。もっと**自分自身を信じて力をどう発揮していくか、自力で考える時代**なんだよ。だから、「みんなと同じ」って安心していちゃダメなの。

拓馬　はあ……。「個」の時代ですか。

宇宙人　そう。一人ひとりが大事ってわけ。えっと、地球の言葉だとなんて説明すればいいんだっけ？　ナミキン？

並木先生　はいはい、任せて。今までの日本って、「個」の時代というより、国や組織の一員として生きることが求められてきたじゃない？　高度経済成長期のサラリーマンとかまさにそうだよね。もちろん、彼らの働きは当時の社会に必要だった。そ

拓馬　という人たちがいてこそ、日本全体が発展してきたわけだから。でも、平成、令和と時代が変わって、そんな生き方が通用しなくなってきた。それまでの「根性論」では乗り越えられないところに来てるんだよ。

と言うと？

並木先生　昭和までは、「努力」が重視される時代だったけど、平成を終え、**令和になった今は「感性」「ひらめき」「直感」がものを言う時代**になったんだ。「数回練習しただけで、ピアノで難曲を弾きこなす子供」とか、「数学者も手こずるほどの難問を簡単に解いてしまう子供」が、現れてきている。いわゆる「天才児」と呼ばれる子供たちだね。

今までは何年、何十年の練習や経験が必要と言われていた事柄に対して、簡単に成し遂げてしまう子供たちが現れることで、大人がそれまで抱いていた「既成概念」が、ガラガラと音を立てて崩れてき始めている。だから、自分が持っている才能を臆することなく表現することが、大事になってきているんだ。あなたもコーディングが得意なのは、立派な才能だよ。その能力を、自信を持って積極的にいかしていく時代なんだ。

拓馬　才能って言われると気恥ずかしいですけど……でも、ありがとうございます！

並木先生　あなたの才能は、会社に所属していたって発揮されるはず。現に、今も活躍してるじゃない。ただ、会社の方向性と自分が本当にやりたいことがズレてしまった今、もっと自分の才能をいかせる環境を探すのは自然なことだよ。むしろ、いくら才能を発揮していても、あなたが幸せじゃなければ意味がないんだよ。

拓馬　確かに、今の僕は幸せとは言えませんね。

並木先生　もちろん、転職って誰もが不安を感じると思う。実は僕も経験があってさ、整体師からカウンセラーに転職したんだ。フリーランスだったから、仕事が来なければ収入は一切ないわけだし。でも、僕は転職への不安よりも、「人生がこのまま終わっていく」ことのほうが恐ろしかった。「それが僕の人生なんだ」って諦めることもできるけど、本当にそれでいいのか自分に問いかけたとき、心の声は「NO！」って叫んだ。「このままじゃ、生まれてきた意味がない。何のために生まれてきたのかわからない！」って。それで覚悟を決めて一歩を踏み出したんだ。思い切って決断することも含めて、「才能をいかす」ことなのかもよ。

なぜ、地球に何十億という人たちがいるのか。それは、それだけ違いがあっていいからなんだよ。宇宙は決して失敗しない。偶然や間違いでここにいる人なんて一人もいないんだ。**僕たちは一人ひとりが主人公で、独自の才能を持ち、それを発揮するために生まれて来た**んだよ。だから、さっき宇宙人が教えてくれたみたいに「みんなと同じ」っていう考え方は、ナンセンスってこと。

拓馬 理屈はわかりました。でも、会社にいると「みんなと同じにしなきゃ」って、無意識に考えちゃうんです。

並木先生 「本当の気持ち」って、みんな違うでしょ？　だから、夢も目標も違う。その結果、地球上にはいろんな人が存在してるし、その多様性が素晴らしいことなんだ。誰もが「本当の気持ち」を大切にして、それぞれの才能をいかしてお金を得て、生きていけるようになったら、最高じゃない？

そして、そんな時代は確実に近づいている。もちろん、「みんなと同じ」がいいっていう人も、中には存在すると思う。でも、それがその人にとっての幸せなら、それはそれでいいんだ。

拓馬 なんとなく、わかりました。でもなぁ、やっぱり変わるのって怖いですよ。同じ業界でも会社が変われば人間関係が変わるし、仕事の流れも違うだろうし。それこそ、宇宙に放り出された宇宙飛行士みたいな気分なんだろうな。

並木先生 おおっ、宇宙を体感できるなんて、素晴らしいじゃん！

拓馬 ……超ポジティブですね。

宇宙人 あのさ、宇宙の法則を言ってもいい？「今までと同じ」じゃダメなの。みんな常に変わらなきゃダメ。**「変わり続けること」こそ、宇宙の本質**なんだから。

並木先生 そうそう。「変化する」って、宇宙にとっても人間一人ひとりにとっても、大事なことなんだ。もし変化しなければ流れは止まってしまう。流れが止まるって、要するに「腐る」ってことなんだよ。ほら、水たまりにボウフラが湧くみたいにさ。僕たちも変化を拒んで、淀んでいると……。

拓馬 うわっ、想像しただけで気持ち悪い……。でも、よくわかった気がします。

並木先生 流れ続ける川は淀まず濁らず、二度と同じ流れにはならないよね？　変化するって、毎瞬全く違う自分に生まれ変わることでもあるんだ。逆らわずに流れに乗っていけば、人生は常にスムーズに流れ続ける。もちろん、ときには逆らってみるのも面白いかもしれないけどね。ただ、さっきも言ったように、この宇宙において変化は避けられないものだから、いつかは先に進まなきゃいけなくなる。ほら「進化論」で有名なダーウィンだって、言っているじゃない。「生き残る種とは、最も強いものではない。最も知的なものでもない。それは、変化に最もよく適応したものである」ってさ。

宇宙人 ガツンと言ってやるよ。現状維持することばっかり考えてれば、一生うだつがあがらないぜ。

並木先生 宇宙の流れにもトレンドがあってさ、今は**「留まるよりも、積極的に打って出ること」**なんだ。あなたもこの流れに上手く乗れば、人生が加速することになるよ。「今」というときは、誰にとっても、心から望む人生にシフトするためのチャンスのときでもあるんだよね。

拓馬 チャンスかぁ、確かにそうですよね。一生、今の職場では続かないだろうし。

並木先生 新しく何かを始めるときって、「最初はどうなるかと思ったけど、始めたらたいしたことなかった」ってことあるじゃない？　転職に限らず、新しいことや、やったことのないことに挑戦するときに、ワクワクするんだけど同時に不安や恐れも出てくる。そうしたとき、どうしてもマイナスな感情のほうが強いから、最悪のケースを想像して、動けなくなりがちなんだよね。でも、僕たちは自分の意識で現実を創り出しているから、望まない結果に集中すると、起きてほしくないことが形になってしまうんだ。

拓馬　でも、悪いケースを考えないで生きていたら、大変なことになりますよ。

並木先生　うん、それは、もっともな意見だよね。でも……。

宇宙人　ええい、まどろっこしい！　宇宙の法則、ズバッと教えてやるよ。**人生って「絶対大丈夫」なようにできてるの。**

拓馬　どういうことですか？　ますます意味がわからないんですけど。

並木先生　実は、どんな人の人生も必ず上手くいくようになっているんだ。ただ、それには条件がある。**自分の「本当の気持ち」に従って結果に執着せず、楽しんで、やりたいことに没頭しているときだけ**ってね。

あなたの今までの仕事を振り返ってみて。「本当の気持ち」に一致しているときは、ポジティブな感覚を感じるものなんだ。そんなときって、やることが山積みで忙しくてもなぜか気分よく、「波に乗っているような快適さ」で仕事ができると思うんだ。すると、タイミングが合うように「自分に都合のいいミラクルが起きる」。そんなことなかった?

拓馬 ええっと……。納期が短いプロジェクトの担当だったとき、同僚が「急に手が空いたから」って、助けてくれたことがあったな。そういえばあれ、珍しく男性向けのファッションブランドのサイトだったかも。あの、宇宙人さんの言ってる「人生って絶対大丈夫なようにできてる」って、こういうことですか?

宇宙人 それそれ、そういうこと! お前さんにとってラッキーだったことって、決して偶然起こっているわけじゃないからね。俺らの仕事の結果だから。

拓馬 はぁ?

並木先生 噛み砕いて言うと、**「本当の気持ち」に従って生きている人には、もれなく、宇宙から〝応援団〟が派遣されてくる**んだよ。その人を助けたり、導いたり、ヒントを与えてくれたりする存在に守られるようになる。それは、「本当の気持ち」に一致して生きることで、**「宇宙の流れに同調する」**からなんだ。

拓馬 宇宙からの応援団? それってどんなものなんですか?

並木先生　応援団はね、宇宙の秩序と完全に一致した存在なんだ。だから、僕たちが本当の気持ちに一致して宇宙の流れと同調すると、彼らは僕たちを歓迎して、後押しするエネルギーとして機能してくれる。別に、「本当の気持ち」に一致しているかどうかで宇宙が特別扱いをしているわけじゃないんだ。

拓馬　なるほど。

並木先生　あとさ、「もう、どうしたらいいかわからない」ってときに、急にいいアイデアが閃くことって今までなかった？　実はこれも宇宙の法則が関わっているんだ。**「引き寄せの法則」**として知られていると思うんだけど。自分が発する周波数、つまり電波みたいなエネルギーなんだけど、このエネルギーが**ネガティブな状態だとネガティブ、ポジティブな状態だとポジティブなものを引き寄せる**んだ。これが、**「宇宙の法則」**なんだ。この法則に基づいて、いろんな種類の宇宙人や天使――僕は「ガイド」と呼んでいるんだけど――彼らのサポートを受け取ることができるってわけ。

まとめると、**自分と一致して完全な宇宙の流れと同調することは、最善のタイミングに乗れるということ。**僕たちは、それをサポートって形で受け取るんだ。

拓馬　へぇ～、僕もそんなサポートしてほしいですよ！

並木先生　今こうして僕とあなたが話しているのも、ガイドたちのはからいなんだよ。つまり、本当の自分を生きるチャンスを、与えられているんだ。

自分と一致すれば、100%のパフォーマンスができる

拓馬 なんだか、転職をしても大丈夫な気がしてきました。でも、なんでそんなに「本当の気持ち」って大事なんですか？　気持ちを偽って波風が立たないなら、それでいいじゃんって思っちゃうんですけど。サラリーマンなんて全員そうですよ。「気持ちを偽るプロ」みたいなものでしょう。

並木先生 確かに日本人って、サラリーマンに限らず、本心を抑え込む傾向があるよね。でも、そうやって気持ちを偽ることで、身体に不調が出る人もいるんだ。気持ちを偽って生きることで、自分が思っている以上に心身に負担がかかるんだよね。実際にある研究では、ストレスを数値化する機械で、高い数値を出した人に日々の状況について聞くと、「ストレスなんて全くありません」って答えたそうなんだ。これは、あまりに強いストレスを受け続けると、感覚が麻痺してしまうっていうケースなんだけど。

拓馬　へぇ〜。確かに僕も「ストレスはありません」って答えるかも。

並木先生　少し話がそれちゃったね。でも、**「本当の気持ち」に一致して生きることは結果的に、自分だけじゃなく「全体のため」になる**んだ。誰もが、自分を偽り周りに合わせる生き方をやめて、「本当の気持ち」に従って生き始めれば、調和が訪れるんだ。なぜかと言うと、本来自分がいるべき場所にいて、やるべきことをやっている状態に自然に収まるからね。

拓馬　その状態って、つまり「平和」ってことですか？

並木先生　そう。最高でしょ？　そもそも、本当の自分自身と調和できない状態や自分の気持ちさえわからない状態で、どうやって他人を理解し、調和できるのかって話だよね。

拓馬　なるほど！

並木先生　たとえ自分の気持ちを偽りながら、周囲と調和しているように見えても、それはいつまでもは続かない。いずれ、その「ズレ」は、あなたが病気になったり、人生が上手くいかなくなるといった形で、サインを出してくるからね。
特に時代の変わり目を迎えている今は、嘘がつけなかったり、闇が明るみになりやすいから、ズレたまま気付かない振りはできないんだ。昔は「自分の気持ちを押し殺してでも、周囲に合わせなさい」という教育が行われていたから、みんな国や組織に忠誠を誓って生きていた。過労死にまで追い込まれたビジネスマンとかもそうだね。でも、周囲と調和するために自分を偽り続けた結果が「死」なのだとしたら、それって悲しいとは思わない？

拓馬　……もう、言葉になりませんよ。

宇宙人　ウウウッ、考えただけで泣けてくるぜ。

並木先生　だからあなたにも、「本当の気持ち」を偽らずに生きてほしい。だって、**僕たちは本当の自分を表現するために、この地球に生まれて来た**んだから。それをしないで、死を迎えることになったら、死んでも死に切れないじゃない。「本当の気持ち」に従えば宇宙のサポートも受けられて、人生からも大切にされ、生きていくうえでのメリットが多くなるのに。

拓馬　メリットは、もちろん多いほうがいいですよね。

並木先生　「本当の気持ち」に従って行動すると、自分に一本、軸が通るようなスッキリとした感覚が得られる。心のモヤが晴れ始め、物事をもっとクリアに見られるようになるんだ。日々の様々な選択において、迷いが少なくなり、自信を持って行動できるようになる。ああでもないこうでもないっていう選択で、ムダなエネルギーを使わなくなる分、パフォーマンス力も上がる。

そういう状態になれば、モチベーションの上がらない仕事でも、より軽やかで高い視点から見られるようになる。「どうすれば面白くできるか？」「より心地よく働くためにできることは？」って、明るい答えを導き出せるようになるんだよ。

そしてもし、「今の会社で自分ができることは十分にやった」と感じたなら、自然と「次に行こう」と思えるし、どんな環境でも何とかできるという自信もつく。

今までとは比べものにならないくらい簡単に動けるようになるわけよ。

しかも、波に乗っているときは宇宙もサポートしてくれるから、ますますスムーズになる。抜群のタイミングで、自分が望んでいる条件の仕事の話や、転職先の情報が入ってくる、とかね。

拓馬 なるほど。僕もそうできたらいいなぁ。

並木先生 「成功者」と言われる人たちって、常識や多数派の意見に捉われない人、多くない？　彼らは誰かが認めてくれなくても、非難や批判をされても、自分の「本当の気持ち」を信じ、大切にして行動した人たちでもあるんだよね。だって、「好きでもない分野を研究し続けてノーベル賞を取りました」って人はいないと思わない？　周囲の意見に左右されて「もうダメだ」って感じたこともあるだろうけど、諦めずに自分に一致し続けることで、いろんな力に守られて成功したんだよ。

拓馬　なるほど。わかりやすい例えですね。じゃあ僕は、「好きでもないジャンルで真面目に努力して、ノーベル賞を夢見ている勘違い野郎」なのか……。

並木先生　才能やセンスに恵まれて技術があるだけじゃ、埋もれちゃうこともある。目先のお金のために「嫌いな仕事」を頑張っていたら、なおさらだよね。本当はお金なんてなくても生きられるのに……。

宇宙人　おいおいナミキン。そっちの話に展開すると、この青年、もうついて来れなくなるぞ。

並木先生　ごめんごめん。とにかく、あなたにはその才能をいかしてほしいし、そのための環境を自分で整えていくたくましさも、身に付けてほしい。身体を壊す前にね。

他人の顔色よりも、自分の気持ちを優先する

拓馬 よくわかりました。でも、一つ疑問が浮かんできて……。みんながみんな本当の気持ちに従ったら、世の中がメチャクチャになってしまうんじゃ？　会社も経営方針があって、それに合わせて働くから成り立つものだし。

並木先生 うん、そうだね。百歩譲って「今まで」はね。というのも、会社の方針に「何が何でも従う」人って、最近は減ってると思わない？　飲み会にも「行きません」って言う子っていない？　平成生まれの若い人たちなんて、特にそう。

拓馬 確かに、会社の後輩にもいます。内心うらやましいと思っていたんですよね。

並木先生 そんな話を管理職世代の人たちからよく聞くんだよね。「今どきの若い子の思考回路がわからない、どうやって扱えばいいものか」って悩んでる人たちがたくさんいる。あなたは、平成生まれだっけ？

拓馬 いえ、ギリギリ昭和なんですよ。「我慢して参加するタイプ」ですね。

並木先生 なるほど、そうなんだね。それが美徳とされた時代が、本当に長かったからね。でも、もう時代は大きく変わって行くから、**何でも従う「イエスマン」は卒業しても大丈夫**だよ。

許容量を超えた仕事を「頑張って」受け入れたとして、既にキャパシティを超えてるわけだから、いろんな意味でしわ寄せが来るよね。その結果できないか、もしできてもクオリティーが低くなってしまう。仕事として成り立たなければ、全体に迷惑をかけることになる。それって、本当の意味で会社のためにならないことは、分かるよね？

つまり、「ＮＯ」と言う勇気が必要だってこと。あなたの場合、今は湿疹ですんでるけど、サインを聞かずに悪いほうに進んで、大きな病気にでもなってごらんよ。もっと会社に迷惑をかけるんじゃない？

拓馬 我慢し続けて迷惑をかけることもある、と。そこまで考えていなかったな。

並木先生 会社や社会全体のことを視野に入れられるのは、立派なことだよ。でも、今のあなたは「相手の都合を考えること」や「周囲の期待に応えること」よりも、自分をもっと大切にするべき。**周りを大事にするのと同じくらい、自分を大事にしてあげることが何よりも必要**なんだよ。ビジネスパーソンとしては立派だと思うけど、まずは基本である「自分」を十二分に満たしてあげなきゃ！

宇宙人 そうだ、そうだ！　自分自身を幸せにすることが、下手な地球人が多すぎるよ。

拓馬 でも……。「自分自身を幸せにすること」って、つまり身勝手なんじゃないですか？

並木先生 いい質問だね。確かに、一般的に自分自身の幸せを最優先にすれば、「あいつは身勝手な奴だ」って思われる可能性はあるよね。あなたが転職を決意して辞表を突然出したら、「人手が足りない状況なのに、よく辞められるな」とか「ここまで育ててやったのに、恩知らずな奴だ」って非難する人はいるかもしれない。でも、知ってる？　**「2－6－2の法則」**っていう法則があるんだけど、それによると、全体の2割の人は何をしても非難する人、2割はどんなことをしても受け入れる人、残りの6割はどちらにも転ぶ可能性がある人だって証明されてるんだ。そう考えたら、非難されることをそんなに怖がる必要もないじゃない。

拓馬　悪者扱いされるみたいで、僕は嫌ですよ。

並木先生　そう？　でも、よく考えてみて。あなたが「本当の気持ち」を無視して会社に居続けて病気になっても、誰も責任を取ってなんかくれないよ！　病気にならなくても、あなたの人生という貴重な時間は戻って来ないんだよ。

それに、**非難や批判をする人はほとんどが「嫉妬」が原因**だと言っても過言ではないんだ。誰かが「自由」に振る舞うと、「私だって、やりたいように振る舞いたい」とか「僕もそうしたいけど、みんな我慢してるんだよ。それが社会なんだから」って。**自分の不満を「正義」や「正当性」にすり替えて、他人にぶつけているだけ**なんだ。それは全部自分の中にあって、各自が向き合う必要があるものなのに。だから、それらを真に受けなくていいんだ。

拓馬　うーん、確かに言われてみたらそうかも。

並木先生　それと、あなたはなんでも先回りして考えすぎ。ああなったらどうしよう、こうなったどうしようって先回りしてシミュレーションしてるでしょ？　その想像力を、もっと建設的に使えるようにならなきゃ。

想像力って「創造力」に通じるんだ。つまり、**あなたがイメージしたことが、あなたが体験する現実に反映される**ってこと。さっきも話した「引き寄せの法則」だよ。

そして何より大切なのは、「今に生きる」こと。過去は過ぎ去って今は「ない」もの。未来はまだやって来て「いない」もの。確実に「ある」のは**「今・この瞬間」**だけ。たった今、この瞬間には何の問題もないってことはあなたにもわかるでしょ？　こうして過去にも未来にも煩わされていない状態が、僕たちは一番パワフルに存在できるときなんだ。

「今・この瞬間」に集中する

拓馬　ん？　でも僕、「今・この瞬間」で生きていますけど……。

宇宙人　**「今・この瞬間」に集中して、自分が持てる１００％の力を発揮して生きる**ってこと。それが、幸せになる原則なの！

並木先生　「何であんなことをしちゃったんだろう」と過去を後悔したり、まだ何も起きてないのに「こうなったらどうしよう」って悩むのは、エネルギーのムダだよ。

僕たちが１００％のエネルギーを持っているとする。過去を後悔して20％、未来を心配して20％のエネルギーが奪われたら、「今・この瞬間」に使えるエネルギーは60％しかないんだよ。

「あのとき、こうしていれば」って後悔するのは、「今」だから思えるんでしょ？そのときは思えなかったか、理由があってできなかったから、その選択をしなかったわけじゃない？　だから、今そのことを考えても意味がないわけ。反対に、

「この先、こうなったらどうしよう」って考えるのも、まだ起きてないんだからムダ。もし何か起きたら、そのときに考えればいいじゃない？　だから今は考える必要がないわけ。

拓馬　はぁ……。

並木先生　過去を憂い、未来を不安に思って仕事に集中できなかったら、それがどんな結果に繋がるか、あなたも経験からわかるでしょ？　逆に、リラックスして自分の感性を開放しているとき――こういうときが「今・ここにいる」ときなんだけど――すごくいいアイデアが浮かんだり、あっという間に仕事が片付いたりしない？

拓馬　あっ、それならわかります。逆にモヤモヤした気持ちの日は、仕事が捗らなくなりますし。

並木先生　実は多くの人が、過去や未来に無意識に意識を飛ばしてしまっているんだ。そんな中途半端な意識の使い方をしているから、エネルギーを上手に使えなくなっちゃうんだよね。一時が万事そんな調子だから、人生の流れも中途半端になるわけ。だから、**今この瞬間だけに集中して、充実させていくことが大事**なんだ。毎瞬の連続が「明日」にもなるし、さらには3年後、5年後、10年後になっていく。

拓馬　じゃあ、どうすれば「今・この瞬間」に集中できるようになるんですか？

並木先生　「今だけ」に集中する、いい練習方法があるんだ。簡単に言うと、**「自分の行動すべてに意識を伴わせる」**んだけどね。

例えば、ドアを開けるときに、「ドアを開ける」と意識して心の中、もしくは声に出して言って開ける。水を飲むときに、「コップを持つ、水を出す、水を飲む」って、動作に意識を伴わせる。それを続けるうちに、だんだん「今」に集中できるようになるんだよ。そうすると、悩みを感じなくなったり、「今」が充実していると感じられる体験が増えると思うよ。これが、ずっと話してきた「本当の気持ち」に従うことで、自分に一致するってことなんだ。

拓馬　自分と一致かぁ。僕にもできるかな。

宇宙人　お前さん、昔は上手く「自分と一致」していたはずだよ。赤ん坊の頃を思い出してみなよ。ギャーギャー好き勝手に泣いていただろ？　欲望むき出しで、周囲に迷惑かけまくってたじゃねえか。そのときは「泣いたら迷惑がかかるかな」とか「嫌われるかな」なんて、微塵も考えてなかったはずだぜ。あれが「完全に自分と一致した状態」なんだ。あの時期の地球人はみんな、波動が高くていい感じなんだよなあ。

拓馬　波動ってなんですか？　ゲームの必殺技？　「波動拳」でしたっけ？

そのとき、店内に続々と客が入ってきてザワつき始める。
宇宙人の姿が薄くなり始める。

宇宙人　残念だけど、俺そろそろ消えるわ。目撃されたら大変だし。じゃ、青年、頑張れよ！

拓馬　えっ、行っちゃうんですか？　出会いも別れも突然なんだな、宇宙人って。

並木先生　おっと、僕も仕事だ。そろそろ、行かなくちゃ。最後に聞きたいことある？

拓馬　えっと……。「働くことの意味」って、結局何ですか？　誰かの役に立つために、

並木先生　できることってなんですか？
「社会の役に立つ」とか「誰かのためになる」とかは考えなくていいよ。あなたには不謹慎に聞こえるかもしれないけど、**心の声に従って常に楽しく喜びを持ち、本当の自分を表現していればそれでいい**んだ。それが、結果的にみんなのためになるから。本当の自分とズレた状態で、社会の役に立つことを考えても、ストレスになるだけ。みんながワクワクしながら自分の可能性を追求することが「自分に一致すること」だし、そうなってこそ、誰もが本当の意味で満たされて、真の調和や平和が実現するんだから。

拓馬　わかりました！

並木先生は拓馬の肩を叩き、店を出ていく。
一人残された拓馬が買い物カゴに目をやると、入れたはずの薬がない。
代わりに「転職」が特集された求人情報誌が3冊入っていた。

拓馬　えっ、なんで？　まさか……！

情報誌をめくる拓馬の頭上には、大きな光がぼうっと輝いていた。

宇宙人からのメッセージ 2

これからは「個」の時代。
「みんなと一緒」でなくていい。
自分を信じて、やりたいことに
挑戦しよう。

CASE 3

お金の悩み

浪費癖に悩む
結衣（26歳）の目醒め

100円が導いた〝プライスレス〟な出会い

本屋のレジ台前に、並木先生を含めて4人の客が並んでいる。
並木先生の前に並ぶ女性が会計で手間取っている。

結衣　すみません、あと100円ですよね。このカードでお願いします！
店員　お客様、このカードは利用停止になっているようですが……。
結衣　えっ？　おかしいな、昨日は使えたのに。確かもう一枚カードがあったはず。
男性客　ちょっと、お会計まだなの？　急いでるんだから早くしてよ。
結衣　すいません、じゃあ私、この本やっぱり……。
並木先生　はい。残りの100円、これで足ります？
店員　はい、ありがとうございます！

結衣 えっ？　あの……、いいんですか？

並木先生 もちろん。どうぞ！

店員 お買い上げ、ありがとうございましたぁ〜。

並木先生が会計を終えたところに、結衣がおずおずと近寄る。

結衣 すみません、さっきはありがとうございました、助かりました。

並木先生 気にしないで。それよりよかったね、無事に買えて。あと、100万円のことだけど、最終的には上手くいくから。その本を読んでチャレンジ、チャレンジ！

結衣 100万円？　100円の間違いですよね？

並木先生 ううん。さっきの100円の話じゃなくて、あなたが今やってる「100万円を貯めるチャレンジ」のこと。この間友達の前で宣言したでしょ。

結衣 えっ、なんで知ってるんですか!?

並木先生 驚かせてごめんね。僕は生まれつき、いろんなものが視える体質なんだ。他人の身体の痛みがどこにあるか一瞬でわかったり、悩みを察知したりできるの。その力をいかして、悩んでいる人たちの相談に乗るカウンセラーをしてるんだ。

結衣 へえ。なんだかすごいですね。

並木先生 周りにいる目には見えない存在たちが、メッセージを囁いてくれることもあるよ。それを聴いて本人に伝えたほうがいいと感じたら伝えるようにしてるんだ。

結衣 不思議な存在って霊とか？

突然、並木先生と結衣の目の前に大きな光が現れ、囁き声が聞こえる。

宇宙人 ナミキン、話の続き、うちでやろう。お金のこと、ゼロから教えてあげよう。

並木先生 おっ、噂をすれば宇宙人じゃない。いつもながら、気が利くねえ。彼女に予定を聞いてみるからちょっと待ってて。

宇宙人 ええい、まどろっこしい。俺は気が短いんだよ。待ってられっか！　二人まとめてテレポーテーション（瞬間移動）するぞ！

結衣　テレポーテーションって？　えっ⁉　私、今浮いてる？　きゃあああっ〜〜‼

宇宙人の力で、並木先生と結衣は本屋からUFOにワープした。

宇宙人　ようこそ、お二人さん！　おやおや、お嬢さん大丈夫かい？

結衣　あ、あなたはいったい誰……？　いや、何……？

宇宙人　よくぞ聞いてくれました！　オレは宇宙人。ナミキンの親友さ。

結衣　ナミキンって？　さっきお金貸してくれた人のこと？　あ、そうだ！　私、今お金がないんだった。ここ、どこなんですか？　帰りの交通費、どうしよう。

宇宙人　地球人って、本当に不便だな。本当は誰でも「家に帰りたい」って思った瞬間に、すぐに帰れるもんなんだぜ。なぁ、ナミキン。

並木先生　まあね。その通りなんだけど、一般の人にはいきなりでは刺激が強すぎるよ。ごめんね、突然こんなところに来てもらっちゃって。

結衣　はぁ……？

宇宙人　ここは、俺の家だよ。地球人の言葉で言うとUFOってやつ。円盤型の古いタイプだから、新しい型に替えるか考え中なんだよね。素敵なタイプが多くてさ。

結衣　へぇ～、いろいろ種類があるんですね。でも、UFOって高そう。もしかしてあなた、お金持ちの宇宙人なんですか？

宇宙人　「お金持ち」？　宇宙人の、この俺が？　そんなわけあるかよ！

並木先生　まぁまぁ、僕が説明するから。帰りのことは安心して。宇宙人に頼めば、あなたの家に一瞬でワープさせてもらえるから。

結衣　ちなみにその移動って、お金かかりますか？　さっき見た通り、今金欠で。

宇宙人　地球人からお金をとるなんて！　想像しただけで恥ずかしくて死にたくなるよ。

並木先生　いやいや、キミは宇宙人なんだから、なかなか死なないでしょ。ごめんね。宇宙人って、地球の人とは違う価値観で生きてるからさ。彼らって**お金を使わなくても、楽しく幸せに生きていける**んだよね。

結衣　お金を使わないって、どうやって生活しているんですか？

並木先生　イメージしただけで、自分の思い通りに行きたいところに行って、必要なものは何でも手に入れられるんだ。だから、「お金」は必要ないってわけ。そもそも「通貨」っていう概念がないんだよね。

結衣 じゃあ「お金持ち」や「貧乏」っていう考え方もないんですか？

並木先生 もちろん。みんな、お金がなくても、豊かに暮らしてるんだ。だから、人間からお金をとろうなんていう気持ちはないから安心して。

宇宙人 そのかわりさぁ……。

結衣 えっ、やっぱり何か必要なんですか？

宇宙人 「お金くれ」なんて言わないけど、地球人には全員、幸せになってほしいんだ。幸せな地球人が増えることが、オレたち宇宙人の喜びなの。

結衣 えっ、そうなの？　意外とイイ人たちなんだぁ。

宇宙人 幸せな地球人が増えたら、地球がもっといい星になって、宇宙全体も発展していくんだ。

並木先生 そうそう。**一人ひとりの人生の幸福度って、宇宙全体の繁栄と繋がってる**んだよね。

結衣 でも、幸せになるって難しいですよ。今の日本じゃ、お金を持ってなきゃムリ。

毎月「残高ゼロ」まで散財する理由

並木先生 あなたは真剣にお金のことで悩んでいるんだね。実は、本屋さんのレジであなたの後ろに並んだとき、**「お金への暗く重たい感情」**を感じたんだ。そのあと、あなたのお金にまつわるストーリーが、僕の心に流れ込んできた。

結衣 見ず知らずの人にそんなプライベートなことを……恥ずかしすぎます。

並木先生 大丈夫、全然恥ずかしいことじゃないよ。まず、さっき話してた「100万円チャレンジ」ってさ、あなたが友達の前で「100万円貯める」って、宣言したことでしょ？　それで節約のために、本屋さんで節約術の本を買ったと。

結衣 はい、その通りです。10日前に同窓会で、高校時代の友達と久しぶりに再会して……。「社会人になって、貯金してる？」って話になったとき、ゼロだって言ったらドン引きされちゃって。みんな定期預金とか株とかいつの間にか始めていたみたいで。銀行員の友達にも本気で心配されて。それで、その場のノリで

宇宙人 「100万円貯める！」って宣言しちゃったんですよね。
あのさぁ、「100万円」って、本当にただの紙切れの束だよ。そんなものを集めるよりも、自分をもっと大事にして、気持ちを満たす方向にエネルギーを使いなよ。

結衣 でも、もう友達に宣言しちゃったし。

並木先生 あなた自身の気持ちはどう？　お金を貯めたい？　それとも貯金なんて気にせず好きなことに使いたい？

結衣 正直100万円くらい貯めておくべきだとは思うんです。これから先、何が起こるかわからないし。

並木先生 ＯＫ！　あなたの「本当の気持ち」は「100万円貯めたい」なんだね？　そのためにどうしたらいいか一緒に考えていこう。そもそも、あなたはお金を貯めることを難しく考えてるけど、そんなことないよ。ちょっとした心がけだけで上手にお金と付き合えるようになる。ちなみに今、貯金がゼロなんだよね？

結衣 はい。会社勤めで毎月お給料をもらってるんですけど、月末には残高がほぼゼロで。同世代と比べて平均的な月収だと思うんですけど、みんなどうやって貯金までしているのか不思議で。

並木先生 なるほどね……。参考までに、最近どんなものを買ったか教えてくれる？

結衣 うーん、そんなにないですね。仕事の合間にコンビニでお菓子を買ったり、帰りにカフェに寄って帰ったりとかはしたけど、どれも数百円くらいだし。あっ、昨日ネットで限定コスメを見つけたから買いました！　前に見たときは売り切れだったのに、偶然再入荷してて。私、ネット通販が好きでよく見てるんです。

並木先生 それそれ！　あなたの場合、衝動買いが多いんだよ。一つひとつの金額は小さくても、毎日のように何となく消費していたら、残高がゼロになって当然でしょ。今のあなたは、**お金を使うことに気持ちよさを感じてる**んだよ。

結衣 でも、ブランド品とか特別高いものを買ってるわけじゃないし。それに、自分へのご褒美って必要じゃないですか？

並木先生 確かに、自分へのご褒美も必要だよね。でも、今の状態で毎日仕事帰りにカフェって、さすがにご褒美をあげすぎじゃない？

結衣 働いているとストレスが溜まるし、つい寄っちゃうんですよ〜。

並木先生 わかるよ。僕のカウンセリングに来る人の中にも多いから。イライラしてるときに甘いものを食べたり、ストレス解消で服やバッグを買ったりするって。もちろん、そんな消費が本当に「心の底から求めているもの」だったら構わないんだよ。でも、単にイライラを紛らわすための消費になってたら、どう?

結衣 ……確かに、衝動買いしたときは後から後悔することも多いです。

並木先生 そうだよね。そして後悔するってことは、それが心の底から求めているものではなかったんだよ。そんな悪循環から抜け出すためには、日頃から「いい気分」で過ごせるように工夫することが大切なんだ。

結衣 頭では、薄々わかってるんですけど、なかなかやめられなくて。

並木先生 でも本気で貯めたいんなら、思考回路を変える必要もあるよね。**「貯めることが楽しい!」っていうマインドに切り替える**んだ。今までの、「お金を使うことが楽しかった」状態から変えないと。

結衣 ええ、難しそう。だって、今までと正反対の考え方でしょ? 毎日節約して切りつめて、欲しいものも我慢してっていう生活したくないですよ。楽しくないし。

宇宙人 お前さんは、本当に苦労知らずっつーか、なんつーか……。

並木先生 あのね、あなたがお金を「本気で貯めたい」って思ったら、そう難しくはないはずだよ。例えば、「毎月、1万円貯金する!」って決めたとするでしょ? そしたら、貯めるって決めたんだから、毎月歯を食いしばってでも死守する。手取りが20万円なら、貯金しても19万円残る。この19万円は、生活費を払った残りは全部使ってOK。もちろん工夫は必要だし、最初はつらいかもしれない。でも、もしそれを1年続けたら、12万円貯まる。それを見たら、もちろん嬉しいでしょ? だんだん楽しくなって、次は「毎月2万円に挑戦してみよう!」ってなるかもしれない。今度は「貯まる喜び」を知っているから、もっとラクに貯められるはずだよね。専用の口座を作って、少しずつでもお金が貯まる預金通帳を見て、ワクワクしてもいい。そんな方法でやったら、きっと100万円も貯まるよ。

結衣 理論的にはそうだと思います。でも、私の場合、それ以前の問題がありそうで。そもそも「毎月1万円を貯める」というルールを、守れないと思うんです。何かと理由をつけて、使っちゃいそう。「自分磨きのための習い事だから」とか、「限定コスメだから絶対に買うべきだ」って。

並木先生 うん。あなた、なかなか自分のこと、わかってるじゃない。でもね、ずばり言うと、**「絶対に必要でもないのに、お金を使いたくなる」って精神状態はどこか満たされてない**の。もちろん、それがなんらかの「自分磨き」になっているかもしれないし、一見ムダに見える消費が「自己投資」になっている可能性もある。だから、別に否定してるわけじゃないんだよ。

宇宙人 でもさぁ、金なんてわざわざ使わなくても、地球人は本来、ワクワクを感じることができてたはずだぜ。それに、金をかけなくても自分磨きなんてできるだろ！

並木先生 まぁ、今の世の中は、まだまだお金に多大な価値が置かれていて、それが「力の象徴」みたいになってるからね。多くの人たちは、ストレスに満ちた社会の中、「何か満たされない」感覚を、お金で埋めるんだ。つまり、お金を使うことで、自分に力があるような、人生をコントロールできているような体感を得ているんだよ。

もちろん、お金を「便利なツール」として上手く使う場合は別だけど。そうでない場合は、自分が使う側に立つのではなく、知らないうちにお金に支配されてしまっている。つまり言いたいのは、**今のままでも自分は満たされてい**

るんだってことに、どれだけ気付けるかなんだよ。

特にあなたの場合は、雨風をしのぐ家もあるし、服や化粧品もある。仕事もあるし、定期的な収入もある。それって、すごく満たされていて、幸せじゃない？　世の中、仕事がない人だってたくさんいるんだから。まずは今自分が置かれている状況で、どれだけ「感謝できること」を見つけられるかが、大切になるんだ。

結衣　今持ってるものに感謝する、ねぇ。確かに、あれがない、これがないって、いつも足りないものばっかりに意識がいっちゃってるかも。部屋が狭いとか、もっといい服が欲しいとか、もっとお給料が上がってほしいとか……。

並木先生　それは、ある意味では普通のことかもしれない。でもね、**僕たちの意識は「焦点を当てたものを拡大する」っていう作用を持っている**んだ。「不足」にフォーカスすれば不足が、「感謝」に意識を向ければ感謝できることが、どんどん増える。つまり、**「満たされる」**んだよね。

結衣　なるほど。確かにそうかも。いい気分でいてラッキーなことが続くと、「自分はなんでもできるんじゃないか」って気になるかも。まるで波に乗るみたいにスイスイって、1日が進んだり。そんな感じですか？

並木先生 そうそう。**意識を本当に望むことに向け続ければ、結果を生み出せる**んだ。虫眼鏡で日光を紙にあてると、熱が集まって紙が燃えるでしょ？それと同じ原理だよ。僕たち人間は、1日に約6万回思考すると言われている。その6万回を足りないことや、望まないことばかりに意識を向け続けたら、結果は、もちろんわかるよね？

結衣 ヤバい……。私、「ご褒美でもないとやってられない。毎日、頑張ってるんだから」って、理由を付けて散財してただけだ。

並木先生 それじゃ、いつまでたっても満たされないし、お金だって使いすぎちゃって、貯金なんか当然できないよね。

宇宙人 そうだそうだ。自業自得だよ。

並木先生 もちろん、預金残高がゼロだって、別にいいんだよ。宇宙人的な考え方で言えばね。ただ、「100万円貯めたい！」って本気で思うなら、「満たされない空虚感から浪費してしまうパターン」からは抜けないとね。

もう一歩進んだ話をすると、この**空虚感の正体は「愛が足りない」っていう感覚**なんだよね。つまり、いつも「愛が欲しい！」って、心の深いところで叫んでるんだ。

結衣　愛が欲しい？　恋人ってことですか？

並木先生　「愛」といっても、恋愛だけに限らないよ。家族愛や友情も含めた大きな愛のこと。誰かと愛し合ったり、お互いを理解し合えるようコミュニケーションをとったり、優しい言葉をかけ合ったり、植物や動物に愛情を注いで育てたり。そんな関係性の中で心を満たすことも大切だよね。

もっと大事なのは、**「自分で自分を愛する」**こと。自分を愛せなければ、誰か・何かを愛することはできないんだよ。だから最も身近な自分のニーズを、まず満たしてあげないと。もっと自分の心の声に耳を傾けて「心地よさ」を大切にしてごらん。

幸せは「お金」ではなく、「自分を満たして」手に入れろ

結衣　なるほど……。確かに、家族や友達と笑い合って気持ちが満たされているときは、「何か欲しいなぁ」ってあんまり思わないかも。でも、一人で寂しいときや、仕事で嫌なことがあった日はつい買い物したくなる。深夜のネットショッピングって、何か買うことで心が落ち着く気がして。

並木先生　わかるよ。でも、もっと簡単でお金のかからない、「自分の愛し方・満たし方」もいろいろあるじゃない？　例えば、「お気に入りのクッションを抱く」とかさ。目を閉じて、ぎゅーってしてみると、何となく気持ちが落ち着かない？　不安がやわらいで、「大丈夫」って気がして、また元気になる。

結衣　え、そんな簡単なことでいいんですか？

並木先生　そうだよ。そうやって、「心地よさ」を追求するのと同時に、人生をできる限りお気に入りで満たしてみるんだ。特に、楽しい要素が少ない場所――例えば、職場だったらお気に入りの文房具を使ったり、かわいい小物を置いてみたりね。そんなふうに、いつもいい気分でいられるように工夫すれば、自分を満たせるんだよ。

結衣　ふーん。ってことは結局、幸せっていうのは「物」に頼るのではなくて、「気持ち」が大事ってことですか？　でも、気持ちを満たすには物が必要なんじゃ？

並木先生　混乱しちゃったかな。でも、幸せって気持ちで感じるもので、頭で考えるものじゃないよね？　例えば、お風呂にゆっくり浸かってリラックスしてるときや、布団の中で開放感を味わってるときって、「あぁ、幸せ」って思うでしょ？　お風呂や布団っていう物は使っているけど、心の底から「気持ち」が幸せを感じているはずだよ。

お金の話に戻すと、全財産が１００万円で十分って感じる人もいれば、10億円持っていても、まだ足らないって感じる人もいる。不足感に捉われていれば、何をどれだけ持っていても、やっぱり幸せは感じられないんだよ。

結衣　そっか。結局、「今ある現状に感謝する気持ちが大切」っていうところに戻ってくるわけね。

並木先生　そう。限度のない欲望を持つと、しんどくなるよね。だから、そんな欲望を手放していくと、ラクになれるんだ。なぜかというと、**「ない」ではなく、「ある」に意識が向く**ようになるから。そしてすでに話したように、僕たちは意識を向けたものを拡大する。つまり、「ある」が拡大されることで、もっとたくさん持てるようになるってわけ。そうなれば、たとえ所持金や貯金がゼロだろうと、その状態とは関係なく、幸せを感じて生きられるようになるんだ。

結衣　なるほど。私、「100万円貯める」なんて宣言したのが間違いだったのかも。

並木先生　不足感から発した宣言っていう意味では、確かにそうかもしれないね。でもさ、あなたが今から意識と生き方を変えることで、お金は自然と貯まっていくから、いいんじゃない？　**お金はただのエネルギーで、それ自体はいいも悪いもない**んだ。ただ、必要以上にお金に振り回されたり、執着してしまうと、「お金との幸せな関係」は築けなくなるよね？

結衣　お金に執着する、かぁ。

並木先生　あなたに限ったことじゃなく、世の中のほとんどの人は、お金との関係性が不健全なんだ。みんな**心の中では「お金が欲しくてたまらない」のに、その気持ちに一生懸命フタをしようとする**んだよね。昔から、お金には「汚い」っていう考え方が付きまとっていて、それも原因の一つなんだけど……。

あなた、子供の頃にお金を触って「汚いから触っちゃダメ」って怒られたことってない？　あれは、お金はいろんな人が触るから「衛生的に」汚いっていう意味と、「子供が不用意にお金に興味を持たないように」って意図があるんだけど。それって子供にはよくわからないから、**〝お金＝汚い〟**っていう刷り込みがされてしまうんだ。そのせいで大人になっても、無意識に〝お金＝汚い〟ってイメージが付きまとってしまう。お金を望んでいるはずなのに、お金を遠ざけてしまう。その結果、お金を稼げないとか、貯められなくなるわけ。さらに、お金をたくさん稼いでいる人にも「悪いことをしているに違いない」ってネガティブなイメージを抱くようになる。もちろん、そこには嫉妬もあるわけだけど。

結衣 ああ、確かに。お金の話をすると、何となく気まずくなる空気感ってわかります。

並木先生 そうそう。本当は好きなのに、悪者扱いをしたり、遠ざけようとしたりする。つまり、本当の気持ちと行動が一致せず、矛盾しているから「稼ぎたいのに稼げない」って状況に陥っちゃうんだよね。

結衣 本当の気持ちと一致かぁ。わかるような、わからないような……。

並木先生 じゃあさ、「お金」を「人」に置き換えてみようか。
A子さんという女性のことが好きな、B男さんという男性がいると考えてみて。A子さんはいわれのない理由で、みんなから非難されているとする。ある日B男さんが仲間と話しているときにA子さんの悪口が出て、B男さんは周りの目を気にして、みんなと同じようにA子さんを非難するんだ。そうやって、周囲には本心とは違う態度で接しながら、A子さんと仲良くすることなんてできると思う？
あなたがA子さんだったら、B男さんと仲良くしたいって思う？

結衣 え～っ⁉　絶対にお断りですよ。だって悪口を広められているようなものだし。失礼だし、一緒にいても大切になんてしてもらえなさそう。

並木先生　でしょ？　結局、そういうことなんだよ。だから、もしあなたが**本気でお金を貯めたいのなら、そしてお金に恵まれた人生を送りたいなら、「私はお金が大好きです！」って、口に出せばいい**んだ。その気持ちが純粋であればあるほど、お金にも伝わるし、あなたを陰でサポートしている宇宙人たちにも伝わって想いが早くに実現することになる。「本当の気持ち」に一致して生きることになるからね。つまり、矛盾がない。

結衣　え、「お金、大好き」って言うんですか？　がめつい人みたい。

並木先生　だって、あなたお金、好きでしょ？　まさか嫌いなの⁉　もし、何らかの正当な理由で「１００万円あげます」って言われたら、断る？

結衣　もちろん、絶対にもらいますよ！

並木先生　だよね。それじゃあ、「お金が好きだ」って認めるんだね？　だったら**「本当の気持ち」と言動を一致**させなきゃ。周りを気せず、そういうあり方を発信すれば、だんだんお金が入ってくるようになるよ。

結衣　でも私、会社勤めのＯＬだから、年収が急に上がるってことはないと思うんです。

並木先生 会社員もこれからは副業が解禁される流れにあるでしょ？　それに、転職とか独立とか臨時収入とか……いろんな可能性があるじゃない。

結衣 うーん。そんなところまで考えたことはなかったな。ちょこちょこ買い物をするだけでも楽しくって。

並木先生 「本当の気持ち」に従って、適度に買い物を楽しんでいるなら、それはそれでいいんだよ。お金っていう便利なツールを使って人生が豊かになることは、素晴らしいじゃない？　ただ、本気で「100万円を貯めたい」と思うのなら、新たな収入源を考えてみてもいいんじゃない？って話。節約だけじゃ面白くないでしょ。「節約」ってムダにしないっていう意味では大切だけど、人によっては禁欲的になりすぎて、その反動で「頑張ってきたんだから、これくらいいいよね？」って、一気にドンって使っちゃったりするんだよね。ダイエットでいうリバウンドみたいにさ。
それに、宇宙人的に言えば、「貯める傾向が強くなる」のは、あまりおすすめできることじゃない。

結衣 ええっ、そうなの？　どうして？

宇宙人　そりゃそうだろ。**お金もエネルギーの一つ**なんだから。**一ヶ所に貯め込むんじゃなくて、世の中全体に「回す」ことが大切**なんだ。言わば**「循環の法則」**だな。川の流れだって、止まっちまったら腐るだろ？　呼吸だって、吐いて吸ってで一循環。吐かなきゃ吸えないし、吸わなきゃ吐けない。それが宇宙の本質なのさ。溜め込んでばかりいたら、入って来ないんだぜ。

並木先生　そう。お金に限らず、すべてはエネルギーであり、エネルギーは常に循環させる必要があるんだ。

結衣　へぇ〜。今日はお金にまつわるすごい話を聞いた気がする！

宇宙人　よかったな。それもこれも、１００円が足りなかったおかげじゃん。人生で起こる出来事には、すべて意味があるんだよ。

並木先生　そうだね。ときどき、宇宙人が背後で根回ししていることもあるけど。とにかく、「何が起きても、それには必ず意味がある」んだ。だから、上手くいかなくても、思い通りに事が運ばなくても、決して腐らないことだよ。

お金が好きなのに忌み嫌ってしまう〝矛盾〟

結衣　あと、お聞きしたいことがあるんです。

並木先生　何？　なんでも聞いていいよ。

結衣　さっき「お金が好き」って言ってもいいって話してましたけど、たいていの人は、お金のことを「大好き」って、おおっぴらに言わないでしょ？　それが普通だって思ってる。でも、どうしてそれが「普通」なんでしょうか？

並木先生　わかりやすく言うと、それが世の中の「常識」だからだよね。そして、一般的には常識に従ったほうが生きやすいでしょ？

日本人に限らず、多くの人たちに共通するのが、**お金に対する罪悪感**なんだよね。さっきも話したけど、「お金は汚いから触れちゃいけない」「稼いでいる人は、悪いことをしているに決まってる」っていう、刷り込みとともに育ってきたから。そんな誤解があるうちは、お金と仲良くできるわけがないよね。でも、その思い込みを手放せれば、豊かになれる。もちろん、その思い込みを外すことが、みんななかなかできずにいるんだけどね。

僕はその状態を**「『お金が嫌い』という周波数に合わせて生きている」**って表現してるんだ。ラジオを聴くときに、チャンネルの周波数を合わせるのと同じだよ。でも、他のチャンネルもあることに気付いて、チャンネルを変えるように意識の周波数を変えればいい。そうすれば、お金であれ何であれ、見たいもの・聞きたいものを、見聞きできるようになるってわけ。

結衣 なるほど、周波数ね。それって、自分で変えられるんですよね？

並木先生 もちろん。でも、世の中のほとんどの人は、「自分の意思で周波数を変えられる」って事実を、きれいに忘れちゃってる。そのことを、みんなが思い出すサポートをするのが、僕の仕事でもあるんだけどね。

結衣 じゃあ、世の中のお金持ちの人って、みんなそのことに気付いて、チャンネルの主導権を取り戻してるってこと？

並木先生 少なくとも、経済面ではそう言えるね。もちろん、人と会うたびに「いやぁ、私はお金が好きで」なんて言うわけじゃないけど。言ってみれば、「お金さん、大好きだよ」って気持ちでいたり、お金に感謝したりすることで、お金と仲良くなれるんだ。そうやって、無意識にでも「私はお金に関しては大丈夫」って信頼感で満たされている。これが、チャンネルを合わせている状態なんだ。

結衣　なるほど～。私、今まで「お金を好きだなんて言っちゃいけない」って思ってた。そんな状態で100万円貯めようとしてたんだ。よかった、早めに気付けて。

並木先生　そうだよ。お金を貯めることや稼ぐことへの「根拠のない罪悪感」を引きずったまま、貯金なんてできないよね。〝貧しさ〟にチャンネルを合わせながら、さっき買った本を読んで節約のノウハウを学んでも、結果には繋がらないよ。

結衣　本当によかった。ありがとうございます。

宇宙人　そもそも**地球人って、お金に限らずいろんな事柄に「罪悪感という周波数」をくっ付けて体験する傾向がある**んだよ。「自分がいけない」みたいなさぁ。なんで、あんなに自虐的なのかね？　そんなんで、ワクワクなんてできるかっての。

並木先生

そうそう。宇宙人的には**「ワクワク」が真実**なんだよね。でも地球人、中でも日本人は小さいときから〝罪悪感〟や〝無価値感〟を植えつけるような教育がされてるから、そこから抜け出すのがなかなか難しいんだよね。「自分のことより相手の気持ちを考えて」とか、「一人では何もできないんだから、謙虚に周りに合わせて生きていきましょう」みたいな。そのせいで、自分の気持ちを優先しようとしたり、「自分らしい人生を生きよう！」って決意したりすると、途端に「わがままなんじゃないか」とか、「こんなことして大丈夫だろうか」って思いが湧いて、前に進むことにストップをかけてしまう。「謙虚さが美徳」ってさ。もちろん、**謙虚であることは大切だけど、自分を卑下することと混同している人が多い**んだ。自己犠牲と言ってもいい。「自分さえ我慢すれば」ってね。

でも、本当の意味で成功している人や、幸せを感じているお金持ちと話をすると、みんな健全に自分の気持ちを優先し、自分が心からやりたいことは、他に譲らない強さを持っている。「心から自分が好きで、自分を大切にしている」ことが、

結衣 よくわかるんだ。
そういえば小さい頃、貯金箱のお金で遊んでたら、母親に怒られたな。お金を触った手で、そのままご飯を食べようとして。それから、〝お金＝汚い〟って思うようになったのかも。

宇宙人 あー、多分それだねぇ。幼少期って特に、親や大人が絶対で意識も柔軟だから、ちょっとしたことを素直に受け入れちゃうんだ。その「教え」に無意識に従って生きているとき、自分の本当の気持ちではなく「教え」にチャンネルを合わせちゃってるんだよな。結局、自分の思い通りに生きられなくなっちまう。

「お金、大好き！」を口癖にする

並木先生　でも、ここで気付けてよかったじゃない。それじゃ、お母さんから受け継いだもののの見方や捉え方を手放して、望ましい現実を体験するために、チャンネルを変えてみない？　そのためのいい方法があるんだ。まず、大きな声で**「私は、お金が大好きです！」**って言ってごらん。

結衣　えっ？　私が？

並木先生　そう。もしかして、恥ずかしいの？　「お金大好き」って言えない？　じゃあ、あなたは口で言うほど、お金が好きじゃないんだね。

結衣　いや、大好きだけど……。でも、誰かに聞かれたら、恥ずかしいじゃない？

宇宙人　地球人なんて、誰もいねーわ。ここ成層圏近くだから、大声で叫んでもいいよ。

結衣　じゃあ、叫んでみようかな。お、**お金、大好き!!**　言えた……。

並木先生　どう？　一度言うと、抵抗なくなるでしょ？　家でも毎日、できれば気付いたときに唱えるのを習慣にしてみて。人目が気になるときには、心の中でもいいから。さらに効果的なのは、宇宙に向かって両手を大きく広げて、胸を開いて**「私は、宇宙の無限の豊かさを、心を開いて受け取ります」**って唱えるんだ。そしたら、宇宙からエメラルド・グリーンの光の粒子が、いっぱい降り注いでくる。それを深呼吸しながら吸い込み、身体中の細胞に満たされていくのを想像してみて。最後に、自分を抱きしめるように両手を身体に引き寄せて終了。

ちなみに、エメラルド・グリーンは豊かさのエネルギーを含んだ色だから、お金だけじゃなくチャンスや情報、素晴らしい人間関係も、自分に向かって引き寄せられるって想像するといいよ。繰り返すうちに、だんだん「豊かさ」にチャンネルが合うようになって、人生のいろんな場面で変化が出始めるはずだよ。

結衣 わかりました。口に出すことで、確かに恥ずかしさが吹っ飛ぶというか、吹っ切れるかも……。言葉にして宣言するって、やっぱり大事なんですね。

並木先生 わかってもらえてよかったよ。このワーク、お金に悩む全世界の人にぜひやってみてほしい！　多くの人たちが、お金を特別視しすぎてるんだ。だから、お金にまつわるいろんな妄想や思い込みが膨らんで、手に負えないものになってしまう。何度も言うけど、**「お金はただのエネルギー」で、「人生を便利に楽しく生きるためのツール」でしかない**んだ。

結衣　ツールか。確かにそうかも。

並木先生　もし本当にそう思えたら、お金をたくさん稼いだり、所有することに抵抗がなくなるはずなんだよね。だって、ただのエネルギーなんだから。「お金を多く持っている人」は、エネルギーの使い方が上手だってことになるね。それだけ、大きなエネルギーを動かしているんだから。でも、あくまでそれだけのことで、偉いわけでも、すごいわけでもない。

ただ、自分が豊かなら人に分け与えることもできるし、それは大きなメリットではある。逆に、自分がお金に困っていると、豊かな人をうらやんだり、非難したりしてしまいがちだけど、そうなると幸せから遠ざかってしまう。

結衣　なるほど。今の話を聞いて、お金への罪悪感がかなり薄れた気がします。

並木先生　よかった。「お金が足らない」という〝不足感〟。「お金は汚いもので、たくさん持つのはよくない」という〝罪悪感〟。どちらも根深いものだから、上手く手放せるといいね。そうやって、バランスよく上手にお金と付き合っていけば、100万円だってすぐに貯まるよ。

結衣　よーし、頑張るぞ！

並木先生　そうだ。自分で自分を満たして、幸せになれるワークがあるから教えとくね。

宇宙人　面白いから、お前さんも一緒にやってみなよ。

並木先生　めちゃくちゃ簡単だからやってみよう。

結衣　じゃ、やってみます。

結衣は並木先生の横に並び、両足を肩幅より少し広めに開いて立つ。

並木先生　まず、自分の体が自分の形をした風船になっているとイメージして。風船の空気口は頭のてっぺんにある。最初は空気が全部抜けた状態で、ペチャンコでクタッとなってるよ。息は全部吐き切っておこう。

次に息を吸いながら、宇宙の彼方から空気口に向かって、**「100%純粋な愛のエネルギー」**が一筋の光線のように降りて来るのを想像するんだ。
「愛のエネルギー」は、キラキラ光り輝く淡いピンク色でイメージするといいよ。

結衣　愛のエネルギー？　すごくロマンチック！

並木先生　深呼吸をしながら、愛のエネルギーがどんどん入ってきて、つま先からむくむくむくって自分の体の形をした風船が膨らんでいく。普通、風船って空気で膨らむものだけど、これは、愛のみで膨らんでいくんだ。

結衣　体中が、満たされた気がする。なんか、温かい……。

並木先生　うん、いい感じ！　そうやって、ふくらはぎ・太もも・お尻・お腹・腰・胸・背中・両肩・両腕・両手の先・首、そして頭のてっぺんまで愛のエネルギーで満たす。そしたら今度は、深呼吸して胸の真ん中の「ハート」もエネルギーで満たしてみて。

宇宙人　「心」に意識を向けて、どんどん深呼吸しながら満たしていくんだよ。

結衣　なんか落ち着くかも。

並木先生　それが満たされている状態だよ。風船がパンパンになって、ハートまで満たされたら、愛のエネルギーを体の外にまで広げよう。体の周りを取り巻く「オーラ」と呼ばれる意識まで、しっかり満たすんだ。具体的にイメージできないなら、そう思うだけでいいから。体も心もオーラも愛で満たされたら、最後に頭のてっぺんにある空気口を閉じて、一度大きく深呼吸しよう。これでおしまい。簡単でしょ？　寂しさや空虚感を感じたとき、人恋しく感じたときなんかにやってみて。座ったままでも立ってでもいいから、ふと思ったときにやってごらん。

結衣　え、私一人で？

並木先生　そうだよ、さっきできてたから大丈夫！　このワークを続けると、「愛」に意識の焦点が合うようになって、自分が周囲から優しくされている、愛されているって感じることが増えてくるはずだよ。

結衣　本当ですか？　でも、確かにちょっとしたことなのに、気持ちよかったかも。

宇宙人　だろ？

並木先生　大事なのは、**「他の人」や「もの」という、自分の外にあるもので満たそうとしない**こと。孤独感にしても空虚感にしても、何か・誰かに頼らなくても自分で満たせるんだ。なぜなら**宇宙は僕たちに必要なすべてのものを与えてくれる**から。「求めよ、さらば与えられん」って言葉、聞いたことあるでしょ？

結衣　なるほど……。

並木先生　そうやって、自分自身が満たされていると、現実にも反映されるようになる。「私の人生はなんて満たされてるんだろう、幸せなんだろう」って、何も起きてなくても感じられるんだよ。それって、お金を持つことよりも、何倍も豊かなんじゃない？

結衣　へえ〜。自分で自分を満たせるってすごい。それに自分で満たした後は、みんなからの扱いが変わるっていうのも、いいですね！

宇宙人　このワーク、全地球人にやってほしいよ。なんだかんだ言って、みんな愛に飢えてるからさ。さてと、今日もいっぱい話しちゃった。ナミキン、お疲れ！

並木先生 うん。でも、こうやって話すことも、僕の大事なお役目だからね。

結衣 ありがとうございます。今日買った本を見るたびに、お二人のこと、思い出します。

並木先生 ううん、いいんだ、僕たちのことは忘れても。それより、今日あなたを視てもう一つ気になったのは、あなたのあり方。「約束したし、100万円貯めて安心させなきゃ」って思いが強いよね？　たぶんあなたって、何に対しても真面目すぎるんだよ。「嘘をつきたくない」っていう、ある種の恐怖も手放すとラクになれるよ。

結衣 でも、「一年後にも、また集まろうね」って約束しちゃったし。

並木先生 いい？　もし、100万円貯まらなかったら、再会したときに「無理だった」ってひとこと言えばいい。できない自分もさらけ出せる強さを持つことは、約束を守るために自分に無理を強いるよりも、ある意味、難しいことかもしれない。でも、それは、「どんな自分も、認め受け入れる」勇気を持つことでもあるんだ。そんな真っ直ぐな素の自分を表現して受け入れられないとしたら、それはあなたが一緒にいるべき人たちではないっていう、明確なサインだよ。

結衣　で、でも……私、友達との約束は果たしたいし、みんなを失望させたくない。

宇宙人　おいおい、それって単に傷つきたくない、一人になりたくないってことだろ？
大丈夫だよ！　今日、いろんなことを学んだじゃねぇか。まずはお前さんが、**自分の嫌なところも弱いところも、全部受け入れて愛で満たし、自分を好きになる**んだ。そうすれば、もし今の友達がいなくなっても、素のお前さんを大切にしてくれる友達が、ちゃんとできるから。

並木先生　意識を向けたものが拡大するんだから。自分を好きになれば、そんなお前さんを好きだって思う人たちが集まってくるのは、自然なことだろ？
おっ、宇宙人はやっぱりいいこと言うね。とにかく、**大事なことは「本当の気持ち」に一致すること。**そして、もしそこからズレてしまったら、すぐに軌道修正することなんだ。ズレたかどうかは、「居心地が悪い」って感じるから、すぐにわかるよ。「居心地が悪い」とか「居心地がいい」って感覚こそがズレてるかどうかを判断するバロメーターになっているんだから。

宇宙人　そうだよ。俺なんか毎日、軌道修正ばっかりだよ。そうだ！　これからダイナミックに軌道修正してさ、地球に戻るんじゃなくて、俺の星を見学しにこない？　「通貨のない世界」、見てみたくない？

並木先生 おっ、いいね。

結衣 えっ、私でも行けるの？　だったら行ってみたいな！

宇宙人 よし、決まり。じゃ、ちょっと揺れるから掴まってて。

せーのっ！　テレポーテーション!!!

3人を乗せたUFOが、地球の成層圏から一瞬で消える。

宇宙人からの
メッセージ
3

自分自身が
満ち足りていれば、
お金があってもなくても、
いつも「幸せ」。

CASE 4

加齢による
不調に悩む
陽子（47歳）の目醒め

身体の不調は心からの悲痛な〝サイン〟

バス停でバスを待つ並木先生。バスが到着した瞬間、目の前に並んでいた女性がしゃがみ込み、はずみでスマホを落としてしまう。

並木先生 あぶないっ！　って間に合わなかったか。あー、画面にヒビが入っちゃった。こんなに熱くなってるし、これはダメかな。

陽子 あ、私のスマホ……。

並木先生 はい、これ……。壊れちゃったみたいですけど。

陽子 ありがとうございます。すみません、ちょっとめまいがして。

並木先生 あなた、ここで休んでたほうがいいですよ。運転手さん、僕たち乗らないので出ちゃって大丈夫です！

陽子　すみません。巻き込んでしまって。

並木先生　気にしないで。それより本当に大丈夫ですか？　救急車、呼びましょうか？

陽子　いえ、本当に平気です。よくあることなので。

並木先生　大丈夫そうには見えないんだよなぁ。今、助けを呼ぶからちょっと動かないでいてくださいね。おーい、宇宙人！

宇宙人　どうした、ナミキン？

並木先生　この女性、体調が悪いみたいで倒れちゃって。キミの力で彼女が倒れる前の世界に連れていってもらえないかな？

宇宙人　任せてよ。じゃあ、ゆっくり休めるように休みの日まで戻してみるよ。記憶はこのままでいいよね？　よーし、パラレルワールドへ出発！

光が並木先生と陽子の体を包み、二人の姿が消える。
次の瞬間、二人は陽子の部屋にワープしていた。

宇宙人　よし、無事とうちゃーく！

陽子　えっ？　ここ、私の部屋？　それにどうしてパジャマ姿で寝ているの？

並木先生　気が付きました？　体調はもう大丈夫ですか？

陽子　はい。それより、さっきまでバス停にいたのにどうして？

宇宙人　へへっ。俺の力でタイムリープしたんだよ。

陽子　なっ、何これ⁉　宇宙人みたいに見えるけど……⁉

並木先生　この子、僕の友達なんですよ。あなたがあまりにつらそうだったから、彼に頼んで倒れる前の世界に連れてきてもらったんです。

陽子　は、はぁ……？　それより、私の部屋から出ていってもらえませんか？

宇宙人　おいおい、せっかくナミキンが助けてくれたのにその言いぐさはないだろう。

陽子　ナミキンって？

並木先生　あ、僕のことです。挨拶が遅れてすみません。僕、並木良和って言うんですけど、人を癒す仕事をしていて。わかりやすく言うとカウンセラーみたいなものですね。

陽子　人を癒す仕事？　それなら私、特に困っていないので大丈夫です。身体のことは病院で診てもらってるし。

並木先生　あなたの不調、たぶん単純な病気じゃないと思いますよ。心の問題が大きく関わっていそう。

陽子　心の病気って、よく知りもせずに失礼じゃない。

並木先生　ごめんなさい。僕、人の悩みや人生が視える力を持っていて。さっきあなたが落としたスマホを触ったときに、悩みが伝わってきたんです。今、あなたは年齢のことで悩んでるんじゃないですか？　あなたのスマホが「歳をとることを受け入れて」って呼びかけていましたよ。

陽子　助けてくれた紳士的な人だと思ったのに……。もう、帰ってください。

宇宙人　おいおい、本当に帰っちゃっていいのかよ？　ナミキンは予約が取れない人気カウンセラーなんだぞ。せっかくなんだから、話を聞いてもらえよ。

陽子　人気カウンセラー？　本当に？　じゃあ少しなら話を聞いてもいいけど。

宇宙人　現金なやつだなぁ。

並木先生　まあ、いいじゃない。このまま放っておくと大変なことになりそうだし、アドバイスできるなら僕も嬉しいですから。

陽子　じゃあ、手短にお願いします。

並木先生　よかった。ちなみに、この世界はあなたがバス停で倒れる5日前です。つまり、この間の日曜日の朝。もう1回、ここからやり直してみてください。5日間、「歳をとること」を怖がらずに、「老いを受け入れること」を意識して過ごしてみて。そうすれば、めまいの症状は軽くなるはずですよ。

陽子　えっ、どういうこと？

並木先生　あなたはめまいの原因を、更年期障害から来る症状だと思っていますよね。まあ、完全に間違いではないんですけど、それにしてはかなり症状が重くないですか？　それ、本当はあなたの**心のストレスが形を変えて、身体への不調として表れている**んですよ。つまり、**「歳をとること」への恐れやストレスが症状を重くしている**んです。

陽子　そ、そんなことないわよ。

並木先生　さっきもお話しした通り、僕はいろんなことが視えるんです。あなたは今、更年期外来で薬を処方してもらって飲んでいますよね？　でも、あまり効いていない。それも更年期の症状じゃなくて、加齢への恐れやストレスが原因の証拠ですよ。だから、薬に頼るのではなく、根本的に考え方を変える必要があると思います。

身体は自然のサイクルで歳をとっていくのに、あなたの心はそれに抗おうとしている。その影響で心身のバランスが崩れ、ひどいめまいが起こっているんです。

陽子 そんなことってあるのかしら。

並木先生 このままずっと心と身体が一致しないまま過ごしていたら、めまいが治らないどころか、他の症状まで出てきますよ。「歳を重ねていくことを、ちゃんと認めて！」っていう、身体の声に耳を傾けてあげないと。

宇宙人 そうだぜ！ 今のうちにナミキンと話して、考え方を変えたほうがいいよ。そうすれば、お前さんの寿命は5年は延びる。まあ、お前さんがもう人生には何の未練もないって言うなら、余計なお世話かもしれないけどさ。

陽子 私はまだ人生に未練タラタラよ。めまいなんかに負けてられないの。いつまでも若く、パワフルに過ごしたいんだから。

並木先生 その**「若さ」への執着が、めまいを引き起こす原因**になってるんですけどね……。

陽子 そうなの？ でも、誰だって若いままでいたいじゃない？

肉体は「自分自身」ではなく、「魂の乗り物」

並木先生　あなたは最近、自分の身体の変化に気付いていますよね。そして、それを隠そうとしているはず。シワやシミをカバーする化粧品やスキンケア用品を買ったり、体型を隠すような服ばかりを着たりしていませんか？　それはつまり、「歳を重ねること」を認めたくないからですよね？

陽子　そっ、そんなことないわよ！

並木先生　本当にそうですか？

宇宙人　お〜い、素直に認めたほうがいいぞ〜。

並木先生　身体の変化を否定していたら、それはしんどくなりますよ。毎日「歳をとるなんて絶対に認めない」ってすごい迫力で、メイクをしてますよね。それって鏡を見るたびに「今の自分は認められない」とか、「こんな自分じゃダメだ」って、自分に向かって叫んでいるのと同じなんです。そうやって、自分を卑下すると魂は萎縮し、あなたのパワーは小さくなってしまいますよ。

陽子 そんなこと言ったって、現実を突きつけられるわけだし。どうすればいいのよ？

並木先生 鏡を見るたびに、**自分の目を見つめて「私はあなたが大好き！」って言ってみて**ください。最初は抵抗感や嫌悪感、照れがあると思います。それでも毎日数回、ゆっくりと鏡の中の自分に話しかけてみるんです。続けていると自分の意識が変わり始めて、好きにはなれなくても、「自分を好き」だと言うことへの苦手意識がなくなるはずです。すると、不思議と今までの自分の見え方だって変わってくる。同じ自分のはずなのに、以前とは違って見えるし、感じるんです。「こんな自分も悪くないな」「目は好きかも」って。**嫌だと思い込み続けていた「色眼鏡」が外れるから、変わる**んです。

陽子 そんなに簡単に変わるものかしら。

並木先生 もう一つ、あなたの場合は「ゆっくりする」こと、「リラックスする」ことが大切です。「生き急ぐ」って言葉がありますけど、何事にも駆け足だと疲れるしストレスは溜まるし、いつか心身ともについていけなくなってしまう。もちろん老化だって早まりますよ。身体も悲鳴をあげているんです。「いい加減、立ち止まって！　自分にしっかり向き合って！」って。

陽子　でもねぇ、私は部下を大勢抱えているから、そうそう休むわけにはいかないのよ。

並木先生　あなたが立場上、忙しいのはわかりますよ。でも今抱えている仕事は、本当に全部あなたにしかできないいんですか？　部下や後輩に助けてもらえないんですか？

陽子　あなたの言うことはわかるわ。でも、歳を重ねることで、今までできていたことができなくなったり、無理が利かなくなるのは私もつらいのよ。それを認めたくないから、誰にも頼まずに一人で苦しんでいるんだって自覚もしてるのよ。

並木先生　そうなんですね。自覚しているなら、話は早い。

あなたにまず理解してほしいのは、僕たちは**「肉体だけの存在ではない」**っていうことです。わかりやすく言うと、**「肉体と魂の両方がセットで人間を構成している」**んですよね。今のあなたは肉体ばかりにフォーカスしていて、本体である「魂」の存在を、すっかり忘れてしまっています。本当はこの**魂があなたの「主人」**なんです。まずその関係性を理解するだけでも、肉体の働きやあり方は変わるんです。

陽子　「肉体と魂の関係性を理解する」ですって⁉

並木先生　こう話したら伝わるかな。あなたの**肉体を「車」、魂をその車の「運転手」**だと考えてみてください。このとき、あなたの本体は「車」と「運転手」のどっちだと思いますか？

陽子　そんなの魂である「運転手」に決まってるじゃない。

並木先生　そうですよね。車を運転しているときに、外側の車本体のことを自分だなんて、思う人はいませんよね。じゃあ着ぐるみだったらどうですか？　外側のぬいぐるみの部分と、中で着ぐるみを着て動いている人、どっちが本体？

陽子　それも、着ぐるみを動かしている人でしょ。

並木先生　その通り。極論を言うと、人間もそれと同じなんです。目に見える「肉体」はただの乗り物でしかない。本当のあなたは乗り物ではなく、その中に存在する「魂」なんです。**肉体は自分という「魂」が、この地球上での人生を体験するために必要な「乗り物」にすぎない**んです。

陽子　えっ、乗り物？　私のこの身体が車みたいなものだってこと？

宇宙人　そうだよ。今の世で借りてる乗り物にすぎないんだよ！　だから、次の世に生まれ変わればまた違う乗り物を借りることになる。

並木先生　まあ、多くの人が魂ではなく、肉体を自分自身だと思い込んで生きてますけど。だから、加齢による見た目や身体の変化を嘆いたりするわけです。

陽子　でもねぇ、目に見える変化ってつらいものよ。私もこの間久しぶりに実家に帰ったら、母があまりに老いていて悲しくなったもの。いつの間にこんなに歳をとって、変わってしまったんだって。

並木先生　それですよ。今、あなたは「お母さんが変わってしまった」って言いましたけど、変わったのは「乗り物」である肉体であって、お母さん自身ではないんです。背中や腰が丸まって乗り物の見た目は変わってしまっても、「魂」は相変わらずい

宇宙人　きいきしてるんです。
お母さんの肉体は、お母さん自身じゃないんだ。もちろん、お前さんの肉体も、お前さんそのものじゃない。

陽子　なんだか、禅問答みたいね……。

並木先生　でも、そう考えると「自分の外見が、他人からどう見られているか」ってことに、捉われずにすみませんか？　結局、**本当に大切なのは「乗り物」の肉体ではなく、本質である「魂」**なんだから。

陽子　確かにね。言いたいことはわかるけど、少しきれいごとみたいにも感じちゃうわ。だって、私たちは社会人になった頃から言われ続けてきたのよ。「おしゃれをするのもマナー」「装うことで相手に好印象を与えよう」って。

並木先生　そもそも、美容にしてもファッションにしても、「自分が楽しいから」「気持ちが上がるから」するものなんじゃないですか？　誰かに「こう思われたい」って思っても、それぞれ感性は違うんだから、思い通りの印象を持ってもらうなんて不可能ですよね？　でも、自分がしたいからするなら、何の問題もないでしょ？

陽子　それはそうだけど、実際、シワとかシミとか出てくるとショックじゃない。過去

並木先生　の自分と別物になっていくんだから！　20代の肌とは全く違うのよ。

確かに違いは大きいかもしれません。でも、それって「シワやシミのない肌がキレイ」だっていう見方から生まれる感情ですよね。あなたはお婆ちゃんやお爺ちゃんの肌に刻まれた優しい笑いジワや、歳を重ねた風格を悲しいとかショックだって感じますか？　もちろん、全員がいい歳の重ね方をするわけではないけれど、「素敵だな。こんな歳の重ね方をしたいな」って思えるお年寄りもいるでしょう？　誰にとっても、歳をとることは避けられない以上、それを目標に楽しんだらどうですか？「最高にきれいな歳の重ね方をしよう」って。

陽子　私も、そうやって割り切って考えられればいいんだろうけど……。そうできないから、悩んでるんじゃない。

並木先生　そうですよね。じゃあ、まずはさっきお話ししたように、自分のためにおしゃれを楽しむのはどうでしょう。誰かに見せるためじゃなくて、自分自身を満たすために楽しむんです。シワやシミを隠すのでなく、あなたが本当に好きなメイクを研究したり、体型をカバーするためでなく、着ていて気分の上がる服を選んだり。すべては、「自分軸」に従って決めるんです。

宇宙人 あとは、発想の逆転をはかるしかないな。若さを失うことをマイナスに考えるんじゃなく、「歳を重ねることで経験値が上がり、人生に深みが増してくる」とか、「若いときには感じられなかったことが、感じられるようになる」とかさ。

ナミキンから聞いたことがあるけど、人間の子供は、修学旅行ってのでよく寺に行くんだろ？　そのときはつまらなく感じても、大人になって同じ寺に行くと、子供の頃には感じられなかった魅力やよさを感じられるんだってな。それって、歳を重ねたおかげじゃないのか？

並木先生 現にあなたは年齢を重ね、様々な経験を積んでいるからこそ、多くの仕事をスムーズにこなせるんですよね。だから、歳を重ねる利点に焦点を当てるんです。若さと比べるのではなくね。そうすると少しずつ、歳をとる恐れよりも、楽しさを感じられるようになっていくはずですよ。そうやって、今の自分を肯定できるようになればなるほど、めまいは収まるでしょう。

陽子 なるほどね。そう考えたら少しはいいところも見つかるかもしれないわ。

気持ちのコンセントは、自力で差し直せる！

並木先生

あとは自分の体を上手にケアしていくことも大切です。長年使い続けていれば、「乗り物」の見かけや機能も、衰えていくのは当然ですよね。それは人間だって同じです。

ここで大事なのは、「若い頃の自分に近づきたい」ではなく、**「本質である魂の活力や美しさを引き出す」意識を持つ**ことです。魂の中には自分に必要なすべてのものが存在していて、それに繋がれば繋がるほど、人生はあらゆる面で豊かになっていきます。

魂と繫がる一番簡単な方法は、やりたいことや心が惹かれることを、ワクワクしながら無我夢中でやることなんです。だから、若返りたいからって、楽しくない状態で頑張っても長続きしないし、結果もそれなりにしかならない。その代わりもっと楽しく取り組める方法で、美容に意識を向けることができれば、魂の活力や美しさが引き出され、本当の意味で輝き始めるんです。

陽子 そうなの？ 私、若く見せたいと思って頑張ってることがいっぱいあるわ。お金も時間もかけて必死になってるけど、それが楽しいか、ワクワクするかと聞かれたら自信を持って答えられないかも。まぁ、その中で楽しいって言えそうなのはヨガ教室くらいかしら。今はめまいのせいで通えてないけど。

宇宙人 地球の女子って、ほんと、ヨガとかピラなんとか……とか、大好きだよな。

並木先生 ピラティスね。ヨガもピラティスもいいと思いますよ。**体と心は連動しているから、体幹を鍛えることで、自分の芯を通すこともできる。**そうすればスッキリした状態で過ごせるようになりますから。

特にヨガは、チャクラというエネルギーシステムを活性化して、よりパワフルでエネルギッシュになれるから、実際若返るんですよ。何より、あなたがやりたいことをやるのが一番ですよ。

宇宙人 あのさ、地球人ってのは「借り物」である肉体に、何でそんなに執着するのかね。

オレたち宇宙人からしたら、それだけの情熱を大切な「魂」との繋がりを求めることに注いだら、どれだけいいかって思うんだよなぁ。健康になりたいとか、より若々しくなりたいと思って、わざわざジムや教室に通うわけだろ？　なのに、今のお前さんみたいに、疲れているなか無理してレッスンに通ってたら、逆にストレスになっちまうじゃねぇか。それじゃ、エネルギーが枯渇してシワシワになっちゃうぜ。

並木先生　確かに、無理してもいいことはないですよね。常に「やらなきゃ」って急き立てられる状態は、「生き急ぐ」ことに繋がり、老化も早く進んでしまいますから。あなたは体からの「いい加減、休んで！」っていうメッセージを無視して、突き進んでしまうタイプだから、まずは思いきって休むことに意識を向けたほうがいいかもしれませんね。

陽子　でも、全身が凝っちゃって、身体を動かして解消したいのよね。運動すれば気持ちもリフレッシュできそうだし。

宇宙人　ナミキン、あれ教えてあげようぜ。**「引っこ抜く」エクササイズ**をさ。

並木先生　いいね。あなたの場合、まず浮き沈みの激しい気分を安定させる必要があります。

運動やエクササイズを通してもできますけど、今はそれがストレスになってしまうから、これから教えることを試してみてください。

陽子 わかったわ。いったいどんなエクササイズなの？

並木先生 「気持ちが落ち込む」「気分がサガる」って言葉、ありますよね？　あの表現って、比喩じゃなくて本当にそうなんです。

陽子 どういうこと？

並木先生 **人間のエネルギーって健康な状態のときには、上向きにまっすぐに立つ柱のようになっているん**です。上向きの太い矢印をイメージしてみてください。でも、ストレスが溜まって精神的に疲弊したり、体調を崩したりすると、エネルギーが弱って矢印が下向きになってしまう。自分の体を軸にした矢印が地面にズドンと突き刺さっている、と考えるとわかりやすいかな。だから、**疲れたり落ち込んだときは、自分でその矢印を持って上向きに立て直すようにイメージする。**そしてその矢印を意識しながら、数回深呼吸してみてください。心が上向きになってエネルギーが回復できますよ。

こんな考え方もできるぜ。コンセントから外れて垂れ下がっている電気プラグだって、コンセントに挿し込んでやればエネルギーが供給されて復活するだろ？お前さんも自分の体にプラグが付いていると考えてみろよ。落ち込んでプラグがだらんと垂れ下がっていたら、頭のてっぺんに向かって持ち上げてみるんだ。頭の上に、宇宙の知恵や叡智、素晴らしいアイデアと繋がるコンセントが光輝いているから、そこに向かって自分のプラグを勢いよく挿し込む動作をすればいい。実際に手を使って動いてみると、よりパワフルになれるぜ。

そして、深呼吸をしながら、天からゴールドに輝く宇宙のエネルギーが流れてくるのをイメージする。それだけで宇宙とのコネクションができ、エネルギーがチャージされたり、インスピレーションやアイデアが閃きやすくなるんだぜ。

陽子　へぇー。そんな簡単でいいの？

並木先生　簡単なこと、だからこそいいんです。

宇宙人　そう。**「簡単さを許すこと」が大事**なんだよ。だいたいお前さん、頭を使いすぎてるから。「今度のプロジェクト、上手くいくかしら」とか、「部下に嫌われてるんじゃないか」とか、「陰でお局扱いされてるんじゃないか」とか。そういうことって、一人で考えたって絶対にわからないじゃん？　それに考えれば考えるほど、悪いイメージしか膨らまない。人生をもっと簡単に考えてみなよ。あんたの頭の複雑さに体がついていけなくて、めまいが起こってるんだよ。ああでもない、こうでもないって考えてると、思考も堂々巡りになって回り始める。それもめまいに繋がっているんだ。だから、体が「もっとシンプルに生きようよ」ってサインを出してくるんだ。

並木先生　とにかく、思考がグルグル回り始めるときは、宇宙との繋がりが断たれているんだって知ってください。矢印が上を向いていたり、プラグが宇宙のコンセントに接続されているときは、思考もクリアでスッキリしているから、いいアイデアやインスピレーションが降りてくる状態です。逆に、考えがまとまらないときや、ネガティブなことばかり浮かんでくるときは、矢印やプラグの状態を確認して、立て直すなり、挿し込むなりするんです。

そのうえで仕事もプライベートもでき得る限り、ワクワクしながら過ごす工夫をしてみてください。それが、今のあなたの現状から抜け出し、いい流れに乗っていくコツです。

いくつになってもワクワクしていい

陽子　そんなこと言ったって、もうこんな歳だし、「ワクワク」なんてないわよ。

並木先生　ほら、また歳が原因だって思い込みが始まってる（笑）。ワクワクするのに、年齢は関係ありません。**いくつになってもワクワクすることって、とても大切**なんですよ。もし、具体的な対象が見つからなくても、「こうだったらいいな」「こんなふうなら、どんなに素敵かしら」っていう、「妄想」だっていいんです。あなたの心がワクワク踊るなら。だって、それだけで僕たちの波動は上がり、人生もいい流れに乗り始めるんです。

陽子　妄想ねぇ。何かあるかしら。

並木先生　子供の頃って、自由に楽しく想像して遊んだでしょ？　あの感覚を思い出すんです。それも難しければ、今惹かれることをやってください。「今何やりたい？」って自分に問いかけて「お茶を飲みたい」って思ったら飲む、「映画を観たい」と思うなら映画館に行くみたいに。簡単なことでいいんです。そうすると、本来の自分と一致でき、魂とも繋がり始める。すると、もっとワクワクや楽しさという感覚に敏感になって、心が惹かれるものを見つけやすくなりますから。

もし、思考や状況にがんじがらめになったら、「自分が太いロープに巻かれている」姿をイメージしてみてください。頭のてっぺんにはロープの先がチョボンと飛び出している。それを実際に手を使って掴み、グルグルっと回しながら解くんです。完全に外れたら宇宙に向かってエイっと放り投げる。それが光って消えていくのを見守ったら、最後に一度深呼吸しておしまい。たったそれだけでも、スッキリするのが感じられるはずですよ。

陽子 わかったわ。聞いてて思ったんだけど、「矢印を立て直すエクササイズ」も「ロープを解くエクササイズ」も、エアな動きなのね。

並木先生 ええ。実際、エネルギー的にそれに近いことが起きていて、それをわかりやすくお伝えしているんです。そして、「そんな気になる」ことで、僕たちは実際に望むことを起こせるわけです。

肩が重いときは、肩に乗った重たい石を降ろすイメージをすれば、軽くなった気がして本当に重さが消えてしまう。それくらい、僕たちの意識の力はパワフルだということです。「想像=創造」だって、覚えておいてください。

とにかく、何より大切なのは、「自分が心地よく感じられる」こと。自分が**「ワクワク、楽しく、いい気分」でいることで、不思議なほど物事がスムーズに回っていきます。**だって、それが自分の本質という魂に繋がる、大切なポイントなんですから。

陽子　あくまで自分だけを楽しませればいいの？　周囲の人たちのことは考えずに？

並木先生　大丈夫。だって、楽しいときって、自然と笑顔になって明るくなるでしょう？　そうすると、周りにもその楽しさや軽やかさが伝播して、自然と集まってくるようになりますよ。みんな楽しくなりたいんだから。

陽子　なるほど。私、今まで自分自身が全然ワクワクしてなかったんだと思う。気付くとイライラしてて、顔もこわばってたのかも。だから部下たちに敬遠されてたのかな……。

宇宙人　あー、そこで自分を責めなくてもいいから！　罪悪感はNG！　たいていの地球人は、「常にワクワク」なんてしてねーから。

並木先生　でも、なんとか伝わったかな。

陽子　ええ、ありがとう。少しラクになった気がするわ。

並木先生　最後に、僕の好きな言葉をお伝えしておきますね。アインシュタイン、ご存じですよね？　彼が、**「問題を生み出した次元では問題は解決できない」**って言葉を残してるんです。

陽子　なんだか難しそうな言葉ね。その言葉がどうしたの？

並木先生　生きてると、いろんな問題が起こりますよね。職場の人間関係とか、今日お話ししたように加齢にともなう「乗り物」、つまり肉体の劣化に関することとか。そうしたときに、早く解決したいからといって、**手当たり次第に「なんとかしなきゃ」って動くのをやめる**ことが大切です。

今のあなたは、部下との距離を縮めるために「飲み会を開く」とか「面談をする」ことをしていますよね？　もちろん、それもありなんです。でも、根本的な変化を望むなら、少し次元を変えて、状況を捉える必要があります。

陽子　次元を変えて？

並木先生 簡単に言うと、**問題解決を模索しているうちは、問題は決して解決できない**んです。解決するには、その問題を超えなきゃいけないんです。老いに関する問題を解決するために「現状に対処する」のではなく、「老いへの恐怖自体を手放す」ことができたら、若さへのコンプレックスも消え、世代を超えていろんな人とフラットに付き合えるようになるはずなんです。そうすれば、あなた自身に対しても、部下たちに対しても、もっと柔軟によりよい関係を築けるような気がしませんか？

陽子 なるほど、そういうことか。今日教わった通りね。よくわかったわ、ありがとう。

並木先生 よかった。じゃあ、そろそろ帰りますね。僕たちの話に耳を傾けてくれて、こちらこそ感謝しています。

宇宙人 最近さぁ、突然死する日本人が増えてて、俺たちイヤ～な気分になってんのよ。

並木先生 ごめんなさい。自分より年上の人にお説教臭くなっちゃって。

陽子 こっちこそ、ごめんなさいね。会社で管理職してると、こんな話し方とか、態度になっちゃうの。「いつも堂々としていないと、若い子たちに甘く見られる」って、

並木先生　肩ひじを張っていたのかも。

そうですよ、だから肩が凝るんです。もう根本的に、考え方を変えていきましょう。誰だって、歳はとる。その事実を受け入れない限り、あなたの幸せはどんどん遠ざかってしまいますから。自分を受け入れることができるようになれば、相手も受け入れることができるようになるはずです。そんな心の余裕を得られたら、きっとワクワクする気持ちが戻ってくると思いますよ。

陽子　ありがとう。いい経験を積んで、心を磨いていかなきゃね。

並木先生　だから、「磨いていかなきゃ」ってことはないんです。難しく考えなくていいんですよ。あなたはうんとラクをしよう、くらいに考えるのがちょうどいいと思います。それが「楽しい」に繋がるから。「何かをしなきゃ」という考えは、「強いる」ことに繋がるから、リラックスできません。「頑張って楽しもう」とは言いませんよね？　だから、まずは肩の力を抜いて、楽しんでください。

宇宙人　しかし、お前さんにここまでわかってもらえるとは、思わなかったよ。ナミキンみたいな年下の意見を聞いたのは、初めてじゃねぇか。

陽子　ハッキリ言うわねぇ、さすが宇宙人。でも私、あなたのこと嫌いじゃないわ（笑）。

気を付けて帰ってね。道、わかるかしら？

宇宙人 いや……。道っつーか、瞬間移動だから。

陽子 あっ、そうだ。最後に一つ、意見を聞かせてくれない？

陽子は並木先生と宇宙人を洗面所に案内する。棚から白髪染めの大量の新品の箱を取り出すと、二人の前に積み上げる。

陽子 もうこれ、やめていいかしら？
なんなのよ、この箱の山は！

宇宙人 ん？　もしかして「白髪染め」……ですか？

並木先生 そう。職場に行くのに、白髪じゃ行けないって思っていたの。でも、今日あなたたちに会って、考え方が変わったわ。背伸びをしない、ありのままの自然体の自分でいいのかもしれないって。もう、染めなくていいかしら？

陽子

並木先生 もちろんですよ！　もし、お洒落のために白髪染めを楽しむなら、何の問題もありません。でもそれが老いへの抵抗なら、あなたのエネルギーを確実に奪ってしまうからやめましょう。「もう、やめてもいいかな」と、心の底から自然に感じられた、今の気持ちを大切にしてください。

陽子　本当に？

宇宙人　ほんっとに疑い深いな！　でも、その疑い深さが仕事にもいきてんだろうな。

陽子　そうなの、私、疑い深いのよ（笑）。まずは自分の直感を疑わずに、信じてみるわ。

並木先生　そうですよ。自分を疑ってしまうと、本質である魂からの声も受け取れなくなってしまいますから。

陽子　ありがとう。本当よね。でも、この白髪染めの山を捨てるのはちょっともったいないわね。お気に入りのメーカーのものだからストックしてたんだけど。

宇宙人　俺に任せなよ。一瞬で解決してやるよ。この白髪染めを必要としている人のところに、こっそり配ってくるから。

陽子　そんなこともできるのね。助かるわ。実はこれ、すごく場所をとってたのよ。今、「ありのままのグレイヘア」が流行してるっていうじゃない？　だから私も「白髪染めしない私」を楽しんでみようかな。

並木先生　とても素敵なアイデアだと思います。何より、あなたの今の気持ちに一致してるんですから、自信を持って。

陽子 ありがとう。なんだか私、生まれ変わったみたいな気分。じゃあ、今日は時間もあるし、久しぶりにラクしちゃおうかな。今から二度寝しようかしら。何もお礼ができなくてごめんなさいね。

宇宙人 いや、お礼なんかいらねーから、いい人生を送ってくれよ。人生ってさ、あっという間に終わっちゃうものだからよぉ。じゃあ、ナミキン、おいとましようか。

並木先生 そうだね。最後に、まずはあなたが自分を信じてあげることですよ。そうすれば体はもちろん、本当のあなたである「魂」が、あなたに応えてくれるようになります。それが自分を好きになることに繋がり、本当の意味で、あなたらしく生きられるようになりますから。

陽子 ありがとう。いい休日が過ごせそうだわ。

陽子は並木先生と宇宙人に優しく微笑む。

宇宙人からのメッセージ

4

肉体は「魂」の「乗り物」だと理解すれば、年齢を重ねることは怖くない。

CASE 5 家族関係の悩み

母親との不仲に悩む
凛（21歳）の目醒め

光るポケットティッシュが示す親子関係のSOS

ある日の夕暮れどき。駅の出口付近で、ティッシュを配っている凛の前へ並木先生が通りかかる。通り過ぎようとするが、凛の手元を見て彼女に近づいていく。

並木先生 あのー、何を配ってるんですか？
凛 ティッシュです。はい、どうぞ！

並木先生はティッシュを受け取り、まじまじと見つめる。
そこには、お洒落な内装のカラオケボックスと、豪華な食事メニューの写真が印刷されている。

凛　先月、この近くに新しいカラオケボックスができたんです。そのキャンペーンで配らせてもらってます。すっごくおしゃれで、食事のメニューも充実してるので、どうぞよろしくお願いしま〜す！

並木先生　うわっ！　この色味は強烈だ。赤黒くなってる。あなた、すごいね。

凛　えっ、私がすごいわけじゃないんですけど……。でも、ありがとうございますっ！

並木先生　いやいや、褒めてるわけじゃないんだけど。あなた、本当によく耐えてるよね。毎日大丈夫？　疲れとか感じない？

凛　あー、このティッシュ配りのお仕事のことですか？　確かに1日中立ちっ放しだし、けっこう疲れるんですよね。いけない、つい本音トークしちゃった！

並木先生　うーん、全然会話が噛み合ってないなぁ。

そのとき、時計台の針が午後6時を指し、音楽が流れ始める。

凛　やった！　今日のお仕事終了！

並木先生　え、じゃあ、今から家に帰るんだ？　ねぇ、変に聞こえるかもしれないけど、一つだけアドバイスしてもいい？　あなたとお母さん、今日の晩ご飯の食卓で、味付けをめぐって大ゲンカになりそう。ゴタゴタを避けたかったら、お母さんに連絡して、食べて帰ったほうがいいかも。

凛　大ゲンカ？　何の話ですか？

並木先生　あ、ごめん。急にびっくりするよね。僕、並木と言います。人の過去・現在・未来が視える能力をいかして、カウンセリングの仕事をしてるんだ。

凛　過去・現実・未来が視える？　本当ですか？　ちょっと信じられないなぁ。もしかして、新手のキャッチセールスかなんかですか？

突然、ぼうっとした光が現れ、声が聞こえる。

宇宙人　おい、お前さん、ちょっと失礼じゃないか！

凛　え、何？　誰もいないのに声だけ聞こえる？

宇宙人　ナミキンが、せっかくお前さんの悩みに気付いて声をかけてくれたのに、なんて言い方だよ！　これは人助けのボランティアみたいなもんなんだぜ。

凛　私に声をかけるのがボランティア？　私って、そんなにイタい人に見えてます？

並木先生　っていうか……。あなたが配ってるティッシュ、僕には赤黒く光って視えるんだ。視る人が視れば、「緊急の助けを求める赤信号だ」って気付くはずだよ。

凛　ティッシュが光ってる？　赤信号？　それよりこの光、いったい何なんですか？

並木先生　ああ、説明がまだだったね。僕の相棒で宇宙人だよ。応援にきてくれたみたい。

凛　ええっ？　この光が宇宙人!?　じゃあ、姿を見せてくださいよ。

宇宙人　面倒くせえなぁ……。

並木先生　じゃあ、みんなであのベンチに行こう。人通りが少なそうだから。

凛　ちょっとワクワクするなぁ！

宇宙人　まあ、ワクワクしてもらえるんだったらいっか。

人混みを避けて、広場のベンチに移動する並木先生と凛。

そこには、宇宙人が座っていた。

宇宙人　どうだ？　これが俺の姿だ。さっきの場所からここまで、一瞬でワープしたんだぜ。これでちょっとは信用できただろ？

凛　すごい、本物だ！　やっぱり宇宙人って、ＵＦＯとかに乗ってるんですか？

宇宙人　まあね。

凛　もしかして「地球征服」をたくらんでいたり？　ハリウッド映画みたいに！

宇宙人　見事に洗脳されてるな……。俺たち、地球を助けようと思って毎日駆け回ってるのに、なんで「地球征服をたくらんでる」って言われなきゃなんないの？

並木先生　それより、あなたのお母さん今ちょうど夕飯の支度をしようとしてるから、「ご飯はいらない」って伝えたほうがいいよ。話はそのあとにしよう。

凛　あ、はい。じゃあ、母にＬＩＮＥしておきます。なんか、驚きの展開だなぁ。

凛はスマホを取り出し、母親にＬＩＮＥを送る。
「今日、バイト先で打ち合わせが入ったから、夜ご飯はいらないから」

宇宙人　えっと、お前さん突っ込みどころ満載だから、何から話していいか迷うなぁ。

凛 まず、俺のことは信用してくれたよな？

並木先生 もちろん！ 宇宙人をこんなに間近で見られて、話までできたなんて、今日はツイてるかも。あとで私と自撮りしてもらえませんか？

凛 う〜ん……。まだまだ、この地球では宇宙人の存在を受け入れる態制が整っていないから、写真に撮るのはあまりおすすめしないな。もし、何らかの形で漏れちゃうと、ちょっと面倒だから……。

宇宙人 そうなんですか？ 残念。

凛 いや、残念なのは、お前さんとこの親子関係だよ。俺もナミキンと同じで、相手の過去、現在、未来が視えるんだけどさ。ニコニコしながらティッシュを配る前に、家でも笑顔で過ごせるように、親子関係を改善したらどうだ？

並木先生 そうだね。あなたのケースは、このままだとバッドエンドを迎えそうな勢いだよ。今まで長年、自分の気持ちを抑え続けてきたでしょ？ そんな状態でいたら、いつブチって切れちゃうかわからないよ？ あなたのティッシュが赤信号のように光ってたのは、無意識のうちにSOSを発信してたからなんだよ。

凛 それでティッシュを見て、「強烈だなぁ」って言ってたんですね？ 私、ティッ

並木先生　シュに印刷されてるカラオケボックスの写真のことかと勘違いしてました。やっぱり……。ついでに言っておくと、僕が驚いてたのはあなたが何時間もティッシュを配ってることじゃなくて、親子関係のストレスに耐え続けていることに対してだからね。

凛　そうだったんですね。私たち、話が全然噛み合ってませんでしたね（笑）。

宇宙人　言葉を通したコミュニケーションって、難しいんだな。よかれと思って声をかけても、全く違う意味で取られたり。お互いが自分の思い込みで話し続けて、内容が完全にすれ違っていたりさ。俺たち宇宙人はテレパシーでコミュニケーションするから、全部がツーカーで隠し事もできない分、誤解することもないしな。

並木先生　ね。地球人の人間関係の難しさ、わかった？　ちょっと気を抜くと、誤解やすれ違いの連続になって、憎しみが生まれることすらあるんだよ。

宇宙人　ナミキンと俺は、もう一心同体ってくらい通じ合ってるけどな。そんなイイ関係って、本当は珍しいんだな。

凛　あのぉ、なんとなく話の流れが掴めてきたんですけど、結局、私ってどうしたらいいんですか？　ティッシュが赤黒く光るくらい、ヤバい状況なんですよね？

私だって、「親子関係をなんとかしたい」って思ってるんですけど、ここ数年は最低限の話しかできていないんです。

並木先生 そもそも、どうしてそうなっちゃったの?

凛 実は、高校卒業後に「美容師になる!」って決めて専門学校に行ったんですけど、薬剤を使う実習で手が荒れるようになって……。それで、「きっと続けていけないだろうな」と思って、途中でやめることにしたんです。

並木先生 それから「将来どうするの?」って、お母さんがやきもきし始めたわけか……。

凛 そうなんです。

並木先生 いや、でもあなたもお母さんもつらいよね。

凛 はい。他の仕事に就くために、専門学校に行きなさいって、言われ続けてて。わかってはいるんですけど、顔を見るたびに言われるから、「重すぎる」んですよね。いい加減、諦めてくれたらいいのに……。

だから家にいても、食事のときくらいしか顔を合わせないようにしてるんです。

一人暮らししたくてバイトをしてるんですけど、お金が全然貯まらなくて。

並木先生 そっか、なかなか難しいよね。一人暮らしって、家賃と光熱費だけでもけっこうかかるし。だからってわけじゃないけど、お金を貯めるよりも「実家住まいができてありがたい」って考えて、このまま実家に住み続けてもいいんじゃない？

宇宙人 そうだよ。お母さんとの問題さえ改善すれば、あんたの人生、他に大きな問題ないじゃん。

凛 そうなの！　母は私の将来に心配しかないみたいですけど、私自身は自分で選んだ人生にすごく満足してるんです。友達だってたくさんいるし。

並木先生 うん、そうだよ。その選択があなたの「本当の気持ち」と一致してるんなら、それで、全然問題ない。「毎日、普通に過ごしているだけで幸せ」っていう生き方、とても素晴らしいし、感謝したいよね。

凛 でも、母との関係には満足してないんですよね。顔を見るとついケンカになるし。

並木先生 まあ、生まれてからずっと一緒だったからね。簡単じゃないかもしれないけど、今から生まれ変わったつもりで、接してみるといいよ。

凛 え、どういうことですか？

相手は自分の「鏡」、すべての現実は自分の反映

並木先生　まず、あなたに知っておいてほしいことがあるんだ。それは、**あなたの感じる「お母さんのイヤなところ」って、「あなた自身のイヤなところ」でもある**ってこと。

凜　ごめんなさい、ちょっと意味がわからないんですけど。

並木先生　例えば、あなたが「お母さんって、小言ばっかり」って感じるとする。でもさ、あなた自身もああだ、こうだって愚痴や悪口を言ってることってない？

凜　えーっ！　母が小言が多いのは事実ですよ。それに、私そんなに家で愚痴なんか言ってないし。

並木先生　そう？　よーく思い出してみて。ニュースを見ているとき、「何、あの言い方？」とか、「普通こうしない？」とかって、人を批判することってあるでしょ？

凛　それならありますね。有名人の恋愛トラブルとか（笑）。

宇宙人　だろ？　本人と仲がいいわけでも、事情を知ってるわけでもないのにさぁ。ワイドショー見ながらグチグチ一人でつぶやいてるじゃん。

並木先生　ね？　あなたはお母さんの小言が多いって言うけど、それはあなたも同じだよ。

凛　でも、私だけじゃなくてみんなやってると思いますけど……。

並木先生　うん、確かに。でも、そうやってみんなと同じことをして、同じところにいたら、みんなと同じ悩みや苦しみからは解放されないんだ。みんな、大なり小なり同じようなことで引っかかっているのは、**「周りの人」に合わせて他人軸になってしまい、「自分」を見失っているから**なんだ。そろそろ「みんなと同じ」じゃなくて、自分の「本当の気持ち」を大事にして毎日を生きたほうがいいと思わない？

「本当の気持ち」と言ってわからなければ、「心地よさ」って言い換えてもいい。自分の**「本当の気持ち」は、「心地よさ」を感じる状態**のことだよ。心地よさ以外にも、**「惹かれる・しっくりする・楽しい・腑に落ちる・ワクワクする・喜びを感じる」**。こんな感覚を感じるときも、

「本当の気持ち」に繋がってるんだ。

この感覚に従っていけば、自分の本当の気持ち、つまり「自分軸」に一致して、みんなと同じ状態から抜けることができる。それは怖いことではなく、より自由に豊かに、幸せに生きるコツなんだ。

そんな心の余裕ができると、他人をいい意味で放っておけるようになる。でも、人のことをああでもない、こうでもないと非難や批判をしていれば、自分も同じような扱いを受けることになる。

凜　それって、私が母を批判するから、母も私に批判的だってことですか?

並木先生　うん。逆に言うと「人をよく褒めている人」って、「人からも褒められる人」だと思わない?

凜　確かに、それなら納得かも。バイト先に、よく褒めてくれる褒め上手の先輩がいるんですけど、みんなに好かれてて、店長からもよく褒められてます。

並木先生　そう。それが、宇宙の法則の一つである**「世界は鏡のように、自分自身のすべてを映し出す」**っていうことなんだ。僕たちが体験する現実は、実は「鏡」に映し出された自分の意識なんだよね。

凛　ちょっと聞くけど、怒った表情で鏡を覗き込んだら、どんな顔が映ると思う？

宇宙人　そんなの、怒った顔の私が映るに決まってるじゃないですか。

凛　じゃあ、にこにこ笑いながら鏡を見たらどうよ？

並木先生　笑顔に決まってるでしょ！

そうだよね。鏡には当然、そのときの自分の表情がそのまま映し出されることになる。現実もこれと全く同じで、**僕たちの意識がそのまま世の中という「鏡」に映し出されているだけ**なんだ。

個人的な現実は個人の意識が、みんなが共有して体験するような社会や世界にまつわる現実は、みんなの意識が集まった集合意識が映し出されたものなんだ。

あまり詳しく話すと難しくなるから、個人的なことに絞って話をしようか。

自分が攻撃的な気持ちで相手に接すれば、相手にもその気持ちが伝わって攻撃的な気持ちを返してくるのはわかるでしょ？　それと同じで、あなたが普段から愚痴ばかり言っていれば、お母さんだって小言を言ってきて当然なんだよ。

凛　じゃあ、私が笑って優しく接していれば、母も小言を言わなくなるんですか？

並木先生　その通り！　でも、そうするためには、自分も優しさで満たされていることが大切だよ。あなたが優しさで満ちていれば、言動のすべてにそれが反映される。そして、相手にもそれが伝わるから、鏡のようにあなたに返ってくるんだ。

凛　「優しさに満ちた状態」か。具体的にはどうすればいいんですか？

並木先生　難しく考えなくていいんだよ。まずは、**「ありがとう」「嬉しい」「素敵だね」**っていうポジティブな言葉を使う習慣をつけてみて。
日本には昔から、「言霊《ことだま》」と言って、言葉にはエネルギーが込められているって考え方があるよね。つまり、**ポジティブな言葉にはポジティブなエネルギーが宿る。**毎日意識的に使っていくと、自分の意識に変化が出てくるようになるんだ。
だから、お母さんに「いつもありがとう」って言ってみたり、何かをしてもらったら「嬉しい」って言うと、ポジティブなエネルギーが作用するんだ。まぁ、照れくさいかもしれないけど、お母さんだって言われて嫌な気はしないし、少なくともケンカにはならないと思わない？

凛　理屈はわかるけど、心の底から嬉しいと思えないときもありますよね？

並木先生　最初は本心じゃなくてもいいよ。大事なのは、ポジティブな言葉を「自分から先に声に発する」こと。相手に言われる前に、自分が言うことに意味があるんだ。
この世界は、鏡だって話したでしょ？　あなたが鏡の前にムスっとした顔で立って、「なんで鏡の中の私って、ムスっとしてるんだろう。少しは笑ったらいいのに」って思っても、ムダでしょ。まずはあなたが先に笑わなければ、鏡に映った自分は、永遠に笑わないじゃない？

凛　う〜ん……言われてることはわかるけど、ちょっと納得いかないんですよね。だって、「今日、素敵だね」って言われたら、すごく嬉しいじゃないですか。私は、絶対に相手から先に言われたいです。

並木先生　まさに、そこだよ。あなたは相手に「素敵」って言われたら嬉しいんだよね？じゃあ、それを先に言ってあげたら相手も喜んでくれると思わない？　自分が嬉しい気持ちになることは、もちろん大切。でも、それを受け取りたかったら、「自分から先に与える」ことが必要なんだ。

宇宙人 実はさ、この宇宙には **「与えたものを受け取る」** っていう法則があるんだ。だから、「最初に与える」ことをしないと、お前さんも受け取れないんだぞ。つまり、**幸せになりたければ、先に幸せを与える**んだ。相手の幸せを思って言葉をかけたり、行動したり。今のお前さんは「先に幸せをもらいたい」って棚ぼたを待ってる状態だから、なかなか幸せを感じられないんだよ。

凛 ええっ！ そんな法則初めて聞いた。でも、私って自己中心的っていうか、自分のことが大事で、先に何かを与えることができるか自信がないなぁ……。

並木先生 そんなに考えすぎなくて大丈夫。お母さんと目が合ったら、ニコって自分から微笑むだけでもいいんだよ。

凛 でも、顔を見るだけでもイライラするのに、心から笑うなんて無理ですよ。

並木先生 初めは気持ちを込めなくてもいいから、女優にでもなったつもりで、やってごらん。だってあなた、毎日あんなに素敵な笑顔でティッシュを配ってるんだからさ。

凛 あっ、そうでした。確かにバイト中は全部作り笑顔だった(笑)。

並木先生 でしょ？ 最初は口角を上げるだけでもいいから、まずはやってみて。それに慣れてきたら、次はお母さんに何かを提案してみよう。「買い物行ってこようか？」とか、「肩、揉もうか？」とか、何だっていいんだよ。

凛　わかりました。今までが今までだけに、そうとう不審がられそうだけど。

並木先生　そうかもね。でも、今の状態を変えたいのなら、あなたから歩み寄ることが必要。それに、これはお母さんのためじゃなく、自分のためにやることでもあるんだよ。だって、少しでも気持ちのいい関係性のほうが、あなたもいいでしょ？　だからもし抵抗があるなら、自分が心地よく過ごすためにするんだって思えばいい。それにさ、どう考えても気遣いの言葉をかけて、不審がられてるほうが、ののしり合いをしてるときよりもマシじゃない？

凛　確かにそうかもしれないです。疲れるんですよね、ののしり合うのって……。

並木先生　財布に余裕があるときはさ、花屋さんでちょっとした花束を買って、プレゼントするのも素敵だよ。お母さん、お花が好きだから絶対喜ぶよ。誕生日とか記念日じゃなくてもいいから、サプライズでプレゼントしたらどう？　恥ずかしかったら、直接渡さないで花瓶に生けて、目立つところに飾っておけばいいじゃない？

凛　それ、素敵ですね！　ちょっと勇気がいるけどやってみようかなぁ。

並木先生

とにかく**「見返りを求めない」で行動する**ことが大事だよ。**自分が主導権を握って、「先に与える」**こと。最初は「自分のため」って思いながら行動していても、その結果、相手の笑顔や感謝の気持ちに触れると嬉しくなって、だんだん与えることが楽しくなってくるんだから。たとえ相手からお礼を言われなかったとしても、「自分のため」なんだからいいんでしょ？

宇宙人

そして、あなたが与えることを習慣にできたら、必ず豊かに受け取れるようにもなるんだから。さっきだってティッシュ配りをしてたじゃない？「ティッシュを渡す」ことだって、まさに「相手に先に与える」っていう行為だよね。ナミキンの言う通りだよ。それが宇宙の法則だし、幸せになるための近道だからな。**自分から何もしないで、与えられることばかり期待してるのは、論外**だぞ。

人間関係を平和にする「チャラ男メンタル」

並木先生　ところでさ、お母さんとの関係をよくする究極の法則、知りたくない？

凛　えっ、なんですかそれ。先に与えるよりも簡単なことですか？

並木先生　もちろん、同じように大切なことなんだけど、もっと気軽に楽しくできるかな。ずばり、**「チャラ男メンタル」**になることだよ。

凛　チャラ男って、派手な見た目で話し方も軽い感じの、あのチャラ男ですか？

並木先生　そう。でも、見た目を真似しろって話じゃないよ。考え方を真似してみるといいって話。

凛　は、はぁ？　いったいチャラ男から何を学べば……？

並木先生　チャラ男くんってさ、なんだかいつも楽しそうな人が多くない？　テンションが高くって、「あげあげ〜」とか言ってる人もいて。あれって違う角度から見たら、

凜 精神的にすごくレベルの高い状態なんだよ。もちろん全員ではないけど。とてもそんなふうには見えないですけど……。

並木先生 彼らって自己中心的に見えるかもしれないけど、ある意味では**「自分自身を大切にして、楽しませることができる人たち」**なんだ。だから満ち足りた状態で、「あげあげ〜」っていろんなことにワクワクできる。それに「あげあげ〜」って言葉通りに意識をあげられたら、高い視点から物事を見られるようになるんだよ。

凜 「高い視点」って、何ですか？

並木先生 簡単に言うと、この世界をよりよく見ることができる視点のこと。ドローンってあるじゃない？　ドローンが空を飛んでるときって、地上を俯瞰して見られるよね？　ドローンを使って撮影した映像や写真を見るとわかるように、地上にいる僕たちとは全く違う視点で世界を捉えてるじゃない。迷子を探すとき、空を飛んでいるドローンと地上にいる僕たち、どっちが簡単に見つけられると思う？

凜 ドローンのほうが広範囲に見渡せるから、簡単じゃないですかね。

並木先生　そうだよね。要するに、視点を変えて高いところから見ることで、簡単に解決する問題もあるんだよ。

この「高い視点」を身に付けるのに役立つのが、「チャラ男メンタル」なんだ。チャラ男くんたちは常に「あげあげ〜」っていうご機嫌な状態で、満たされて生きている。鏡の法則に当てはめてごらん。彼らに返ってくるのは、攻撃的な言葉やつらい出来事ではなく、当然、楽しくてハッピーな出来事だよね？

凛　な、なるほど！

並木先生　「あげあげ〜」って思って生きてると、攻撃的になったり、批判的になったりすることが難しくなるんだよ。なぜかというと、自分軸で過ごして心が満たされているからなんだ。

もちろん、彼らは自己中心的だって批判されることもあると思う。でも、**自分の「本当の気持ち」に従って、自分軸で生きている人のほうが幸福感も高い。**その精神的に引き上がった状態の視点は、ドローンと同じで、簡単に問題を解決しちゃうものなんだよ。まあ、何をもって自己中心的というのかにもよるけどね。

宇宙人 そうさ。たいていの問題って、チャラさで弾き飛ばせるんだよ。彼らは心がとても自由で、自分の「本当の気持ち」に素直だから、「違う」って感じることはやらないし、「あげあげ〜」って感じることを選ぶ。何より、物事をあまり重たく考えすぎず軽く捉えてるから、人生の流れにスイスイって乗っていっちゃうんだよな。逆に、何でも深刻に考えすぎると、流れに乗れないどころか、重たくなってズブズブと沈んでいくんだぜ。

並木先生 あなたもチャラ男メンタルを見習って、お母さんの前でもそれができたら、ケンカなんてなくなると思うんだけどな。

凜 そうかもしれないですけど……。今度は「チャラい」って怒られそうだなぁ。

並木先生 だから、見た目は真似しなくていいんだからね（笑）。あくまで「心のあり方」の話だよ。
「チャラ男メンタル」でいると、だんだん、細かいことが気にならなくなって、もっと明るく軽やかに生きられるようになるんだ。基本的に楽しいことやワクワクすることに意識を向けてるから、自分が満たされるじゃない？　そうすると自分の人生に忙しくなって、いい意味で他の人を放っておけるようになるわけ。だから、「お母さんの言い方が気に入らない」とか、「なんで小言ばっかり言うんだろう」って、些細なことで引っかからなくなるんだよね。

宇宙人　そうそう。誰かに絡まれることはあるかもしれないけどな（笑）。でも自分がいい状態だと、そんなときでもスルッとかわせるものなんだ。

並木先生　自分に「余裕」があるときとないときとで、反応の仕方が変わる体験って、したことあるでしょ？

いい気分のときに冗談を言われると笑ってかわせるけど、疲れてるときに同じことを言われると真に受けて、「は？　笑えないんだけど」ってなったりさ。

凛　なるほど。チャラ男って意外と世渡り上手なんだなぁ。

並木先生　そう、**上手く「やり過ごすこと」「かわすこと」って大切だよ。「真に受けない」「自分のこととして受け取らない」ことが大事**なんだ。だって、相手にも感情があって、同じようにいい気分のときも、悪い気分のときもあるわけだから。気分によって、人の反応は変わるでしょ？　それくらい確かなものじゃないんだよ。

だから、何か酷いことを言われたり、傷つくような反応が返って来たら、真に受

凛

けるのではなく、「あ、きっと今余裕がないんだな」って捉える余裕を持てるといいよね。

それでもイライラしてお母さんに反発しちゃいそうだったら、近くのカフェに行ったり、外食したりと、あえて物理的に距離を置くのもいいよ。とにかく臨機応変に、今日話した方法を試してみるといいと思うよ。

わかりました。それなら私にもできるかも。

「不幸ごっこ」からの卒業を目指せ！

並木先生 特にあなたがやってはいけないのは、相手の欠点だと思う部分を指摘すること。「お母さんのこういうところが嫌いなの！」って、理詰めで相手を追い詰めるのは、絶対にNGだよ。指摘することでスッキリするかもしれないけど、言われたほうは逆上して、火に油を注ぐようなものだからね。

凛 私、母のこといつも理詰めで責めてたかも……。

並木先生 そうだよね。これからは理屈で責めるんじゃなく、まずは**「微笑む」**。次に相手の反応を期待せずに**「与える」**。そして、**「何でも真に受けない」**ことを意識して、お母さんと接してみてごらん。

凛 難しそうだけど、やってみます。でも、今までどうして、すぐにバトルになっていたんですかね？

並木先生 それはね、理解しがたいかもしれないけど、本当はあなた自身がやりたくてやってたんだよ。あなた、YouTube好きでしょ？　お母さんとケンカばかりしているのは、お気に入りのYouTubeチャンネルを、夢中になって見ている状態と同じなんだ。

凛　でも、YouTubeは楽しいから見てるし、お母さんとのケンカとは別じゃないんですか？

並木先生　YouTubeの動画を見るときってさ、自分でわざわざパソコンとかスマホの画面を開いて見に行くわけでしょ？　「旅」「ダンス」「料理」とか、キーワードで検索して面白い動画を探すじゃない？　今のあなたは「母親とのケンカ」っていう言葉で検索して、出てきた動画を一生懸命見ているようなものなんだ。
YouTubeにいろんな動画がアップされているのと同じように、この広い世の中にはたくさんの人がいて、付き合い方もいろいろ選べるよね？　なのに、あなたはその中からわざわざ「母親」を相手に選んで、しかも「ケンカ」をしてるんだよ。選択肢は膨大にあるんだから、嫌な思いをする「母親とのケンカ」じゃなくて、楽しくハッピーになれるものを選べばいいじゃない。

凛　へぇ～。そういう考え方もあるんですね。

宇宙人　そうだよ。不幸な気持ちになるような動画を自分で選んで、気持ちを疲れさせているのと同じだからな。ちなみに俺たち宇宙人は、それを**「不幸ごっこ」**って名付けてるんだ。

並木先生　ダイビングに例えることもできるよ。自分でお金を払って、ダイビングをしにきたとする。飛び込む前はワクワクしていたのに、いざ海に入ると、そのことを忘れて恐怖に襲われてしまう。「真っ暗で怖いよ」「どうして海ってこんなに広いの」って。

宇宙人　これも「不幸ごっこ」かな。今日みたいに、「不幸ごっこ」をしている人を見つけて、「おーい、他のチャンネルも選べるって、忘れてないかぁ」って注意を促すのが俺の趣味なの。

並木先生 そして、僕は「不幸ごっこ」をしてる人たちに向かって、「恐怖という重しを外せば浮かびますよ」「いつでも出てきてください」って、声をかけるのが仕事なんだ。

凜 へぇ〜。私も「不幸ごっこ」から早く抜け出せるように、頑張ってみようかな。

そのとき、凜のスマートフォンに母親からのＬＩＮＥが届き、着信音が鳴る。

「もうお米炊いちゃったじゃない。早く言いなさいよ」

画面を覗き込み、宇宙人がニヤニヤする。

宇宙人 愛されてるじゃん。さあ、ここで、どう返すかが、お前さんの腕の見せどころだぞ。

凜 え、私テストされてる？　参ったな。

凛は少し考えて、母にＬＩＮＥを返す。
「今日はごめんね。お土産買って帰るから楽しみに待ってて」

並木先生 なんだかいい娘になってるね。その調子でいったらいいよ。

凛 はい。最初は本心じゃなくてもいいって聞いて、気持ちがちょっとラクになりました。あとは、駅前でケーキでも買って帰ります。
あの、最後に聞いてもいいですか？　なんで母は、ああなっちゃったんでしょう？　娘の人生に土足でズカズカ立ち入ってくるっていうか、将来のことをとやかく言うっていうか。

宇宙人 お前さんのことを愛してるからに決まってんだろ！　大事で、かわいくて仕方がないんだよ。

凛 それが重すぎて、こっちは苦労してるんですけど……。

並木先生 そんなときこそ、**「高い視点」を意識してお母さんのことを俯瞰してみる**といいよね。ある意味「上から目線」で、お母さんの気持ちを察してみるんだ。

凜 へぇ～。上から目線なら私にもできるかも（笑）。

並木先生 もちろん、お母さんのことを見下したり、低く見積もるわけじゃないんだよ。「こんなに心配してくれるのは、私のことを自分のことのように、考えてくれてるからなのかな」とか、「お母さんも若いときに、母親との関係で悩んだのかな」とか。

いろんな可能性を想像してみるんだ。

もし、お母さんの愛情を感じられないなら、「お母さんは、きっと愛情をどう表現したらいいかわからないのかもしれない」「お母さんもお祖母ちゃんから、私にするのと同じような接し方で育てられたのかもしれない」って考えてみて。そんな視点で見られるようになると、もっとお母さんを理解できるかもしれないよ。お母さん以外のことでも同じだからね。

親子の問題って、次の世代に引き継がれちゃうことが多いんだよ。心のすごく奥深いところに、幼い頃に親御さんに言われたことや、されたことが深く刻み込まれてると、大人になって自分が親になったときに、テープで再生するように同じことをしてしまうんだよ。

凜 なるほど。

並木先生　まずは、上から目線で、お母さんの過去に思いを馳せてみること。**「現在」ではなく「過去のお母さん」に意識を向けると**、ちょっと許せるようになるはずだよ。

宇宙人　お母さんだって、今のお前さんと同じような悩みを、母親に抱いていたのかもしれないぞ。そう思えば、少しはラクになるだろ？

凛　うん、うん。かなりラクになりそう。

並木先生　まずは、あなたがお母さんを理解しようとする。そうすれば、お母さんもあなたのことを理解しようとし始める。**周りの人はあなたの「鏡」**なんだから。**与えたものを受け取る**んだから、**「まずは自分から」**ってことを忘れないでね！

凛　わかりました。私がティッシュ配りのバイトでやってることと、本当に同じことなんですよね。

宇宙人　そう。お前さん、外では全部できてるんだから、家でもできるはずなんだよ。

並木先生　「あげあげ〜」で楽しんで！　応援してるよ。

凜　ありがとうございます！

凜は手にしていたバッグから配布用のティッシュペーパーを取り出し、両手で握りしめる。

凜　どうですか、まだ赤黒く光って見えますか？

並木先生と宇宙人、笑顔で首を横に大きく振る。
凜はにっこりと微笑み返す。

宇宙人からのメッセージ 5

周りの人は、
自分を映し出す「鏡」。
よくも悪くも、与えたものは
すべて自分に返ってくる。

CASE 6 人間関係の悩み

ママ友の輪から抜けたい 和美（41歳）の目醒め

“我慢しちゃう系”が陥った人間関係のわな

ファミレスで読書中の並木先生。隣のテーブルにママ友グループがいる。一人の前に、プリントが山のように積まれている。

ボスママ　和美さんって、もともと雑誌を編集するお仕事をしてたんでしょ？　すごいわねぇ。じゃあ、もしかして幼稚園便りもあっという間に作れちゃうんじゃない？

和美　あっという間っていうことはないですけど……、頑張ればなんとか。

ボスママ　すごーい！　和美さんは才能があるのね。幼稚園便り作り、和美さんにお願いできたら嬉しいな。

ママ友A　いいわね。

ママ友B　和美さん、お願い！

和美 わかりました。じゃあ、私がこのプリントに書かれた情報をまとめて作ります。

ボスママ 和美さんってセンスがあるから、それをいかさないのはもったいないじゃない？　それに今、何もお仕事してないんでしょ？

和美 え、まあ……。

ボスママ 助かるわ〜。お金にはならないけど、幼稚園のためにはなるし。ねえ、みんな？

ママ友A そうよ！

ママ友B 助かるな〜。

和美 でも、私が一人で作るんですか？　この量を、毎月一人で？

ボスママ こういう作業って、得意な人がやったほうがいいと思わない？

和美 ……わかりました。得意かどうかはわかりませんが、こういう作業は好きなので、やらせていただきます。

ボスママ わあ、嬉しい！　和美さんに引き受けてもらえたら、PTA会長の私も心強いわ。

和美 あのう、誰か一緒に手伝ってもらうことって、できませんか？

ボスママ う〜ん、でも私たちパソコンって苦手なのよね。だから、和美さんお願いできる？

――一斉にうなずくママ友たち。――

ボスママ　じゃ、そろそろこのお店、出ましょうか。お手数かけちゃうけれど、和美さんは、その資料を読み込んで、幼稚園便りに反映させてもらえるかしら。資料はここに置いていくわね。返してもらうのは、いつでもいいから。
あっ、ここのお会計は払っておくから、ゆっくりしていってもらって大丈夫よ。
じゃあみんな、これからうちにお茶しに来ない？　ケーキを作ったのよ。

――喜びの声を上げ、一斉に立ち上がりレジに向かうママ友たち。
一人がボスママに囁く。――

ママ友A　よかったわね、うまく押し付けられて。
ボスママ　作戦通りよ。協力、ありがと。

残された和美は、資料を読み始める。和美の腕が資料の山に当たり、床に散乱する。慌てて立ち上がった和美は水が入ったグラスを床に落とし、並木先生の服が濡れてしまう。

並木先生 大丈夫ですか？
和美 ごめんなさい！　今、拭きますから！
並木先生 ううん、僕はいいから。それよりプリントが濡れちゃいますよ。
和美 えっ、いけない！
並木先生 あーあ、濡れちゃいましたね。あっ、インクの文字がにじんじゃう。
和美 ええっ！　それ幼稚園から預かった、大事なアンケートの回答用紙なんです。文字が消えたら怒られちゃう。どうしよう……。
並木先生 もう、こうなったら仕方がない。この書類、何とかしたいので僕の友達を呼びますね。宇宙人なんですけど、驚かないでくださいね。
和美 え？　宇宙人⁉
並木先生 お〜い、ちょっと助けて〜。今、お店の中空いてるから、姿を現してもいいよ。

宇宙人　おう、呼んでくれてありがとう。大変なことになってるな。そのビショビショの紙を元通りにすればいいのか？

和美　キャーーーー！

並木先生　大丈夫。この宇宙人、全然怖くないし、特殊なパワーで何でもできるんですよ。

和美　え、でも……！

宇宙人が水に濡れた書類に触れると、にじんだ文字が元通りに戻る。

和美　わぁ、すごい。ありがとうございます！

並木先生　ね。彼、すごいでしょ。

和美　怖がってごめんなさい。

宇宙人　いいよ、いつものことだから。しかし、ここ空気悪いね～。あんたがいる辺りから、どす黒いエネルギーを感じるんだけど。さっきまでここにイヤな奴らがいたでしょ。

並木先生 そう。僕も黒いエネルギーが視えちゃって。まったく、腹黒い人たちだよね。

和美 えっ、私たちの会話、聞こえてました？

並木先生 当たり前でしょ、隣のテーブルだったんだから。話は全部聞かせてもらいましたよ。それであなた、どうするの。その幼稚園便りは？

和美 どうするのって……？　もちろん、やりますけど。

並木先生 本当にそれでいいの？　本心ではやりたくないって思ってるのに、またそうやって、イヤだって気持ちにフタをして我慢するの？

和美 え、何のことですか？

並木先生 あなた、いつも自分の本当の気持ちを押し隠して、周りに合わせてるでしょ？　なにも我慢大会してるんじゃないんだから。

和美 ど、どういうことですか？　っていうか、あなたはいったい誰？

並木先生 あっ、自己紹介が遅れてごめんなさい。僕はカウンセラーをしている並木良和と言います。子供の頃から人の気持ちがわかったり、その人の過去や未来が視える力があって、今はその力を使っていろいろアドバイスをしてるんです。

和美 そうなんですか？　すごい方だったんですね。

宇宙人　ナミキンはお前さんのこと、全部わかってるよ。なんてったって、相談者の人生を好転させる、予約が取れない凄腕カウンセラーだから。いろいろ質問しちゃえよ。

並木先生　その前に一つ言わせてもらうけど、さっきの集まり、あれは立派な「いじめ」だよ。あのリーダー格の女性は確信犯。だって僕、彼女がここを出ていくときに、「作戦成功」って言ってるのを聞いたもん。きっと最初から、あなたに面倒な役目を押し付けるつもりだったんだよ。

宇宙人　それはひどいなぁ。確かにいじめってやつかもな。

和美　そんなことないと思います。だって、ボスママさんは私のことを認めて仕事を任せてくれたんだし、いつもみんなの前で褒めてくれるし……。

並木先生　いいように使われてるって、考えたことない？

和美　でも、優しくしてくれることもあるし、連絡だってこまめにくれるし……。

並木先生　「くれる」「くれる」って、何でもくれればいいってもんじゃないでしょ。まさか「いろいろしてもらってる代わりに、言うこと聞かなきゃ！」って思ってない？

宇宙人　それじゃ、まるで飼い犬じゃん。お前さん、それで本当にいいのか!?

突然、和美の目から涙が溢れる。

和美　本当は私も、いじめられてるのかもって気付いていたんです。でも、認めたくなくて……。

並木先生　うん、わかるよ。自分がいじめられてるって、認めたら認めたでどうしたらいいかわからないこともあるよね。でも、自分の見たくない影の部分にちゃんと光を当てることで、必ず出口は見つかるから。

宇宙人　いじめってさ、するほうもされるほうも、どっちにも言い分や理由があって、単純にどっちがいいとか悪いとかでもないんだよな。その心理状態って、極端な言い方をすると、戦争まで引き起こすこともあるんだぜ。

並木先生　確かに、ある種の「正義」を振りかざしたいじめもあるからね。もちろん、それは自己満足でしかなく、ねじ曲がった思い込みでもあるんだけど、本人にとっては正統な理由なんだよね。いじめられている側にも、「どうしてこんなことされなきゃいけないの？　私は何も悪いことはしてないのに」って正義がある。

でもこれって、自分の影の部分、言い換えると**「変化させる必要のある部分」に目を向けない限り、ずっと平行線のママ**なんだ。こうしたあり方が社会や国っていう大きな単位に発展すると、戦争にだってなりかねない。大袈裟だと思うかもしれないけど、突き詰めていくと最初は一対一の、あるいは少数による「正義の戦い」から起きているんだよね。

宇宙人　地球を見てると、いじめって本当に多くてさ……。みんな誰もが認めてもらいたいっていう承認欲求が強いから「受け入れてもらえるかも」って思うと、誰かの意見に「そうだそうだ！」って言って徒党を組む習性があるだろ？
あれって、根底にある「劣等感」のなせる業《わざ》なんだけど、そこを癒していかない限り、いじめはなくならないだろうな。
つまり、「一人じゃいられない」っていう満たされない思いを強く持つ連中が集まると、どうしても起こりやすくなるんだよね。

和美　わかる気がします……。私だって、一人になりたくないし、嫌われたくないから、ＮＯと言えないんです。自分が我慢することで受け入れてもらえるなら、仲間外れになるよりはいいかな、って。

でも、私がもっと強くて自分の意見をはっきり言えたとしても、私も「私の正義」を貫く中で、気付かないうちに誰かを傷つけたり、その正義に逆らう人を結果的にいじめることになっていたかもしれないですね……。

宇宙人　「何をもっていじめっていうのか」って屁理屈を言う連中もいるけど、結局はもっと自分の言動に注意して責任を持とうって話なんだよ。「自分が言われたら・されたら、どんな思いがするだろう」っていう想像力を持つことだな。要は、**いじめをする連中は想像力が希薄**なんだよ。意図的にやってるのは論外だけどさ。

並木先生　確かに、僕のところに来る相談者の人たちも、いじめについて悩んでる人って、すごく多いからなぁ……。子供はもちろん、大人の間でも驚くほど多いんだ。特にインターネット社会の現代では、ネット上のいじめも深刻な問題になってるし。

いじめが発生するメカニズムとは

和美　そう考えると、今の時代は、大なり小なり多くの人がいじめに悩まされているのかもしれませんね……。あの、そもそもなぜいじめって起きるんですか？　カウンセラーの方なら、人の心理に詳しいからわかるかなって。

並木先生　そうだね。わかりやすく言うと、「満たされていない人」や「幸せを感じられない人」たちのストレス発散が原因なことがほとんどだね。

和美　そうなんですか？　でも、私にいろいろ指示をしてくるボスママさんは、お金持ちなんですよ。その上、美人でおしゃれだし、旦那さんはイケメンの会社経営者だし。どこから見ても幸せな「満ち足りた人」だとしか思えないんですけど……。

並木先生　なるほど。他人から見たら、確かにそう見えるかもしれないね。でも、その人が幸せかどうかって、本人にしかわからないことでしょ？　もしかしたら、ご主人が浮気をしていて夫婦仲が冷め切っているとか、経営している会社が傾きかけてるとか、人には言えない、いろんな悩みを抱えてるかもしれないじゃない。

和美 でも、SNSもいつも素敵な家族写真とか、豪華な食事の写真とか、キラキラな情報であふれてるんだけどなぁ。

並木先生 大切なのは、**人も物事も、表面的に見えているものがすべてではない**ってことを理解することだよ。テレビにしてもSNSにしても、その情報が真実かどうかはわからないんだ。仕事や立場的に、幸せ家族を演出しなきゃいけないと思っている人もいるし、リッチな毎日を見せびらかしたい人や、必死に幸せ感を演出して羨望を集めたい人だって多いんだから。「いいね」ほしさにね！

和美　でも、どうして「いいね」が欲しいんですかねぇ。私、家事や子供の送り迎えだけで精一杯でSNSをする余裕がないから、その気持ちがわからないんです。きれいな写真を毎日撮るような心の余裕もないし。子供と向き合ってるだけで、楽しくて満足してるのかも。

並木先生　それが、本当の「リア充」だよ。あなたは人生が充実していて、心も満たされているんじゃない？　結局、SNSで「いいね」が欲しいっていうのは、他人に認められたいっていう承認欲求からなんだよね。無価値感がベースにあるから、誰かに認められることで、自分には価値があると感じたいんだ。多くの人に褒められると、まるで自分がすごい人にでもなったような気持ちになるんだよね。

和美　なるほど。他人に認められたり、褒めてもらったりしなくても、私は今のところは幸せな気がします。

並木先生　それは、あなたが満たされてるってことだよ。ここで大事なことは、「いいね」が付くとか付かないではなく、**「なぜそんなに人の反応を気にしてしまうのか？」「どうして何かを手に入れても、満たされない**

のか？」に目を向けることなんだ。それに気付かないと、**自分が幸せになるために、永遠に誰かや何かを求め続けることになる。**

和美　なるほど。

並木先生　**自分の〝心の闇や影〟を見つめて癒さない限り、本当の意味で幸せになることは決してない**んだ。貯金が１００万円あって幸せって感じる人もいれば、１００億円持っていても、まだ足りないって不安を感じる人もいる。根底にあるのが、〝不足感〟や〝欠乏感〟であれば、まずはそれを癒さないと、どれだけ所有しても、一向に満たされることはないんだ。

それと同じで、あなたにとって、ボスママさんがどんなにリッチで幸せそうに見えたとしても、彼女にも〝心の闇や影〟があるかもしれないでしょ？

和美　そ、そうなんですか。そんなふうに感じたこと、一度もなかったです。

並木先生　でも、冷静に考えてみて。彼女は一見、充実した華やかな生活を送っているのに、「いじめ」のようなことをするなんて、心に何かを抱えているのかもしれない、って思わない？

和美　彼女にも人に言えない「闇」があって、どこかで発散しないとやってられなかったのかもって思うと、ちょっと気の毒になっちゃいますね。

並木先生　そうだよね。表面的には、そうは見えなくても、「あの人ももしかしたら、深い心の闇を抱えているのかもしれない」って考えると、少しは心に余裕ができてラクにならない？　やってること自体は許せなくても、その人のことを少しは許せるような気がしないかな？

大切なのは、誰かに**言われたり、されたりすることを「真に受けない」**ことなんだ。彼や彼女の言動は、「私個人に向けられているのではなく、本人の心の闇を私に投影しているだけ」なんだって理解すること。それができるだけでも、いじめから受けるネガティブな影響を少なくできるんだよ。

和美　そう考えると、「他人事」みたいに感じられるというか、自分といじめとの間に距離ができて、ラクになるかもしれないですね。正しい言い方なのかわからないですけど。

「いじめが存在しないユートピア」なんてない!?

宇宙人 今の地球ではさ、まだまだ自分の〝心の闇や影〟に向き合って、癒そうとする人間は少ないんだ。代わりにそれらを自分の外に投影して、「アイツのせいだ、コレのせいだ」って、「自己責任の放棄」をする連中が多い。だから、どこに行ってもいじめのようなものには遭遇すると思うぜ。ほら今、「なんとかハラ」ってのが増えてるだろ?

並木先生 おっ、宇宙人なのに、詳しいね。「パワハラ」に「セクハラ」に、お客さんが理不尽なクレームをしてくる「カスハラ」……。

和美 そういえば、妊娠中とか、出産した女性に圧力がかけられる「マタハラ」っていうのも聞いたことがあります。仲良しのママ友が悩んでたな……。

並木先生

厄介なのは、**加害者側が「正義」を振りかざしているパターン**だよね。「自分たちは正しいんだ！」とか「自分は何も間違ったことを言っていない！」って言って、普通に考えたらあり得ない行動を、正義の名の下に行ってしまう。それが、誰かを死に追い込んでしまうことだって、世の中にはたくさんあるでしょ？

僕たちから理不尽な理由に見えることだって、いじめやハラスメントをしてる側からすれば、こじつけの正義の下に正しいことをしているわけだから。

「あなたのためを思って」とか「このままだとみんなのためにならないから」って自分のことは棚に上げて、人の心を踏みにじっていることに気付かないんだよね。「間違ったことをしていなければ、何をしてもいいの？」っていうシンプルな問いかけと、「自分の言動で相手がどんな思いをするのか」っていう想像力が足りなさすぎるんだよね。

僕のクライアントさんの中にも、深刻ないじめに悩んでいる人が結構いるけど、そんな人ほど「逃げちゃいけない」って、立ち向かって行こうする場合も多いんだ。でも、まともに取り合って戦うのではなく、物理的な距離を置くことが大事な場合もあるんだよ。もちろん、学校や仕事が絡んで離れらないこともある。そんなときは精神的に距離を置くことで、いじめから抜け出すきっかけが生まれるんだよ。

宇宙人　ナミキンが言いたいのは、**相手と同じ土俵に立たない**ってことなんだよな。できるなら相手と離れて、自分を立て直す時間を取ること。もしできないなら、自分に可能な範囲で、楽しいことやワクワクすること、喜びを感じること、惹かれることに意識を向けて、いい気分で過ごすようにする。そうすると波動が上がって、いじめを受けていた土俵から抜けられるような出来事が起き始めるんだ。例えば、いじめをしていた奴が引っ越したり転職するとか、急に心変わりするとか。今までとは違う展開が起き始めるんだよ。それが物理的・精神的に距離を置くってことの効果なのさ。

並木先生　うん、確かに、それが一番必要なことだよね。同じ土俵にいるってことは、ずっと我慢して同じ状態に留まっているのと同じ。それじゃ現実は変わらない。でも、もっと大切なのは**「いじめ」をする側も含めて、誰もがみ**

んな「幸せになりたい」んだって理解すること。言い方を換えると幸せな人はいじめをしないんだ。

考えてごらんよ。もし今が幸せなら、わざわざ他人の人生に介入して文句を言わないでしょ？　自分の人生が本当に幸せなら、他人の幸せを祈る心の余裕はあっても、誰かをいじめて自分の欲求不満を満たそうなんて意識すら出てこないんだから。

残念なことだけど、現代のような豊かな時代であっても、多くの人が満たされない、不幸せと感じる人生を生きているんだよね。

和美　じゃあ、こんな状態が続く限り、ずっといじめってなくならないんですか？

宇宙人　そうだな。大事なのはいじめに負けない、強いメンタルを身に付けることなんじゃないか？　それって、自分の弱さを認めて、受け入れることから始まるんだ。

誰もが未熟な人間で、〝心の闇や影〞を持っている。それを見つめて癒すことができない人は誰かをターゲットにして、いじめとしてぶつけてくるんだろ？　直そうぜっていうのは簡単だけど、なかなかできないのが人間で、みんなが躓いてしまう。だからさ、相手の人間としての弱さを理解することが、どちらの立場で

並木先生　も大切なんじゃないかな。まぁ要するに、「人間力」ってやつを身に付けるんだな。それから、もう一つ大切なのは、他人に期待しないことだね。「同じ人間なのにどうしてこんなことするの？」とか、「人としてあり得ない」とか言ってみても何も始まらないってこと。人に認めてもらいたいとか、好かれたいとか、こんなふうに思ってほしいとか、すべて他人の反応を気にした発言だし、**誰かに何かをしてもらいたいっていう「依存」**以外の何ものでもない。こんな**他人任せのあり方で、「本当の幸せ」なんて得られるはずがない**よね。あなただって、誰かの期待通りに、最初から最後まで動くなんて、絶対に無理でしょ？

人をコントロールすることなんてそもそもできないんだから、自分だって誰かにコントロールされるなんてあり得ないと思っていいんだよ。

和美　大人な考え方ですね。私、誰にも嫌われたくないし、みんなに好かれたくて。頼まれたことは何でも引き受けていたし、控えめに振る舞うように気を遣ってばかりでした。「いじめられてる」「軽く扱われてる」って薄々感じてはいたんですけど、どうしてもグループから離れられなかったんです。

並木先生　みんな、一人になるのは怖いよね。孤独が怖い。でも、僕たちは誰もが、孤独になることに向き合わない限り、本当の意味で人間関係を築いていくことはできないって知ることが大切だよ。

なぜなら、本当の自分がわからなければ、誰といたいか、どこに所属したいのか、すらわからないんだから。常に誰かと一緒ではなく、自分自身としっかり向き合うために、**「一人の時間を大切にする」ことも、本当の自分を知るためには大切**なんだよ。もっと言うと、一人の時間を楽しめる人が、豊かな人間関係を築けるってこと。最近は「お一人様」って言葉もあるように、一人で行動できる人って素敵だと思わない？　そんな素敵な人に、人は自然に集まってくるんじゃないかな。

和美　確かに……。でも今までは、そんなふうに考えたことは一度もありませんでした。小学生の頃から、どこかのグループに入らなきゃ、って思ってきたから。

宇宙人　それは、なんで？　もしかしてトイレも一人で行けないってタイプだった？

和美　は、はい……そうでした……。

並木先生　あなたは、もっと自分を大切にしなきゃ。本当に大事なことに、時間を注がなくてどうするの？　ボスママやママ友にどれだけ媚びへつらったって、彼女たちはあなたの人生の責任なんて取ってくれないよ！　あなたには大切な家族がいて、子育てを楽しんでいる。だったら、どうして嫌な思いをする人間関係を優先するの？　厳しい言い方かもしれないけど、あなたはそうやって自分を軽んじて、大切にしていないから、他人からも同じような扱いを受けているんだよ。

和美　……そうかも。じゃあ、私はこれからどうすればいいんですか？

宇宙人　簡単じゃねぇか。あのグループとは適当な距離を置いて、お前さんの人生を取り戻すために行動するんだよ。本当に大切な人やものを優先して、もっと人生を楽しむんだ。そうやって、自分の軸がしっかりしてくればくるほど、他人の言動は気にならなくなってくるからさ。

並木先生　その通り！　そうやって、**あなたが明るく楽しく軽やかに生き始めると、「自分もそうなりたい」って、あなたの周りに自然と人が集まってくる**ようになる。そして、味方も増えるはずだよ。だって、みんなあなたみたいな生き方をしたいんだから。そうなったら、もう怖いものはないじゃない？

つらい環境に、留まり続ける必要はない

和美　確かに。さっきのお話にもあったように、今の私はグループの中でどんな目にあっても逃げちゃダメって思っています。息子が同じ幼稚園に通っているから、私がグループと揉めて彼女たちから離れたら、息子も仲間外れにされてしまうかもしれなくて……。

並木先生　まるで、息子さんが人質みたいな言い方だね。心配になるのはわかるけど、あなたが息子さんを完全にコントロールできないように、他の親御さんも、子供たちをコントロールすることはできない。子供は大人よりも「本当の気持ち」に従いやすいから、遊びたい子と遊ぶんだよね。利害よりも子供は楽しいかどうかが優先だから。特に今の子たちはね。だから、「あの子と遊んじゃダメ！」攻撃を、それほど気にする必要はないんだよ。ボスママさんたちも、さすがに四六時中子

供の側にいて「遊んじゃダメよ！」って言ってられないじゃない（笑）。

和美　そうですよね……。そう言ってもらえると、心強いです！

並木先生　大事なのは、あなたがグループに加わっていなければならない理由を並べ立てるのではなく、あなたがどうしたいか、どうありたいかを決めること。そして、そのためにどう動けばいいかを考えるんだ。

あなた自身が望まない状態なのにＯＫを出しているから、その状態に留まっているんだって認めない限り、現実は変わらないよ。**あなたが自分の現状を自分の責任において変えたいと覚悟を決めれば、宇宙が必ずサポートしてくれる**んだよ。**いつ・どんなときも自分次第**なんだ、って忘れないようにね！

和美　そっか……。確かに自分から進んで仲間に加わっていたのかも。

並木先生　そうだよね。でも、今に限ったことじゃなく、あなたはいつも人間関係に不満を感じてたでしょ？「何で、この仲間の中にいるんだろう」「仲間は大勢いるはずなのに、全然満たされない」。そうやって、悶々としてきたよね？　それは、何でだと思う？　あなたにも「満たされない気持ち」があったんだよね？　孤独感や、思い通りにならないっていう不足感が。

和美　どうして、そんなふうにずっと悩んできたこと……。でも、なぜ私ばっかりそんな思いをしなきゃいけないんですか⁉

並木先生　だから、今からそれを紐解いていくんじゃない。厳しいことを言うよ。あなたはいつも満たされない気持ちを持っていたでしょ？　孤独感や、思い通りにならないっていう不足感を。しかも、それを誰かに埋めてもらおうと、自分の「本当の気持ち」と一致しないことをしたり、言ったりして、「好かれよう、気に入られよう」と必死だった。そんな生き方をしていたら、自分が空っぽになっちゃうと思わない？　あなたの大切な「本当の気持ち」はどうなるの？　一番理解しているべき自分に無視されてしまった、その「本当の気持ち」は？

あのね、**この世界は鏡と同じで、自分のあり方がそのまま映し出される**んだ。だから、あなた自身は空っぽなのに、満たされた関係性なんて映し出されるはずがないんだよ。もし、あなたが豊かな人間関係を望むなら、まずはあなたが豊かになる必要があるってこと。それは、ずっと話してきたように、気分よく過ごす工夫によって得られるものなんだよ。

和美　もう、図星すぎて何も言えません……。今まで、楽しいはずのママ友とのランチのときさえも「目立ちすぎないように、変に思われないように」って、人の目を気にしすぎて、会う前から疲れていました。でも、ずっとこうやって生きてきたのに、急に生き方を変えるなんて、できそうになくて。こんな環境でもないよりはマシって言うか、一人になるよりはいいっていうか……。

宇宙人　でもよぉ、違うってわかっている環境から「エイッ」って思いきって抜け出すことは、大切な自分のために必要なことだぜ！　お前さんは、心から幸せになるために生まれてきたんじゃないのかよ！

並木先生　ゆでガエルの話って聞いたことある？　カエルを熱湯に入れると、驚いて飛び出すよね？　でも常温の水の中に入れて、少しずつ温度を上げていくと、変化に慣れちゃって、温度が上がっても出てこられないの。そして熱くなったときには、もう飛び出ることすらできず、ゆであがっちゃうっていう。

和美　なんだか、怖い話ですね。

並木先生　だよね。でも、怖いって言うけど、今のあなたはまさにゆでガエルの一歩手前だよ。もう少し我慢してあのグループにいたら、抜け出せなくなるだけじゃなく、人生にも深刻な影響を与えることになっちゃうよ。

和美　そ、そうですよね……。すみません。ほんとに私、しっかりしなきゃ。

並木先生　ううん、謝ることなんてないから。あのママ友グループが、あなたも含めて「満たされない人たち」の集まりだったんだって気付けたなら、それは人生を好転させるチャンスだよ。これをきっかけに「自分が満たされること」に意識を向ければいい。そしたら、あなたの周りにも「満ち足りた人たち」が集まってくるようになる。そうなったら、ワクワクするでしょ？

でも、目の前にある高い壁を越えるなんて思わないでね。**僕たちが「壁」だって思っているものは、本当は「扉」になってるんだ。**だから、その先の望む現実、今回の場合は「満たされた人間関係」が、扉の向こうにあると考えてみて。そして、そこに向かって扉を開けて進んでいく、っていうことをイメージすればいいんだよ。

和美 でも私、もう40代なんですよ。今から人間関係を広げるのって難しい気がして。

並木先生 出会いに年齢なんて関係ないよ。誤解しないでほしいんだけど、友達は多ければいいんじゃないからね。よく、どれだけ人脈があるかが問われたりするけど、僕たちの人生は時間に限りがあるから、余計な関係はいらないんだ。それよりも、**大切な人生を自分の「本当の気持ち」に従って、主導権を握って生きることが大切だし、その権利があるん**だ。まあ、本当のところ、余計なものなんて一つもないんだけど……。

和美 私、人数にこだわってばかりだったんですね。

並木先生 人数にこだわっても、結局は満たされたいという不足感や、認められたいという承認欲求がベースだから、満たされない人間関係しかできあがっていかないよ。

和美 わかりました。とにかくゆでガエルにならないうちに、逃げるんですね。そして、望む新しい人間関係に意識を向けていく。

並木先生 そうそう。「逃げるが勝ち」って言葉があるじゃない。「つらい現実から逃げ出すなんて、自分はなんてダメな人間なんだろう」なんて思わないことだよ。もちろん、僕たちの魂の成長のために、与えられた「課題」はある。実は苦しい

並木先生　体験は、その課題だとも言えるし、それを越えて先に行くことが成長にも繋がるんだけど。まあまずは、「腹が減っては戦ができぬ」って言葉もあるけど、自分を満たしてあげることから始めないとね！
必ずしも特定のやり方で課題をクリアする必要はないんだ。影響下から抜け出し、生き方を変えることが大切なんだ。だから、まずは「抜け出すなんて自分はダメな人間だ」っていう、**罪悪感や劣等感を手放す**こと。今の関係は百害あって一利なしだって、忘れないで。

和美　もし、ママ友グループから抜けて、あとから噂されたらどうしたらいいですか？

並木先生　「人の噂も七十五日」って言うように、噂はいずれは消えていく。あなただって、人のことを好きなように思うし、考えるでしょ？　相手だって同じ。人が何をどう思い、どう言うかって他人はコントロールできないよ。だから、不可能なことに意識を向けるのをやめること。それより、**自分を大切にする生き方に集中する**ことで、あなた自身が満たされてきて、幸福感が増すようになる。
そうすると、現実はあなたの充実感や幸福感を反映して、豊かな人生の流れを見せてくれるんだ。

和美

人間関係だけでなく、健康やお金、それにチャンスを含めて、あらゆる面で豊かさを感じられる人生へと変化していくことになるんだよ。そうなったら、噂なんてどうだっていいじゃない？

お話は、よくわかります。私だって、そうできたら、どんなにいいか……。

何歳からでもキャラ替えしていい

並木先生 まだ決心がつかないか……。じゃあさ、ライオンに追いかけられている自分をイメージしてみてよ。ありえないシチュエーションだけど、ライオンが自分に向かって走ってきたって気付いたら、考える間もなく、逃げるでしょ？「逃げちゃいけないいんじゃないか？」とか「留まるべきかも」なんて思わないよね？

和美 ライオンに追いかけられたら、逃げて当然ですよ！ むしろ、逃げないなんてどうかしてますよ。

並木先生 だよね？ 後で誰かに「ライオンから逃げるなんて、臆病な人って言われたらどうしよう」なんて思わないし、もし言われても、そんなことどうでもよくない？

和美 もちろん、自分を守るためだもの、そんなことどうだっていいし、それをどうこう言う人のほうがおかしいですよ。

宇宙人 だろ？ でも、そんな状態にもかかわらず、まだああだこうだ言ってるのが、今のお前さんなんだぜ！

和美 あっ、そういうことだったのね。私、昔から身を引くのが下手というか、我慢強いというか……。すっごく「耐えちゃうタイプ」なんだと思います。

並木先生 そうだね。「忍耐」って、昔は美徳みたいに思われてるときもあったよ。だから理不尽な状況でも我慢に我慢を重ねて、最終的には幸せになる、みたいなドラマや映画が流行ったりしたじゃない？

和美 ああ、ありましたね。というか、私が子供の頃から見てきた作品って、そんな物語ばかりだった気がします。不幸に耐えたり、どんなに理不尽な環境でも、弱音を吐かずに明るく振る舞っている主人公が、最後には報われる、みたいな。

並木先生 うん。そして、そういうのを夢中で観ているうちに、みんなだんだん洗脳されていくんだよ。「幸せになるためには、頑張らないといけない、努力しないといけない。つらい環境であっても、決して逃げてはいけない」ってね。

和美 なるほど。実は私、今まで「こんなに耐えられる私って、すごい。こんなに頑張ってるんだから、いつか絶対に幸せになれるはず」って、どこかで思ってました。

宇宙人 それって地球人特有の思い込みだな。まぁ、間違ってるとは言わないけどさ。でも、これからの地球は今までとは全く違うあり方に変化していこうとしてるから、そこんとこ理解しておかないと、どんどんつらくなっていっちゃうぜ。**我慢や忍耐なんかよりも、臨機応変さや軽やかさが主流になる**から。もっと「ラクさ」や「リラックス」を選んでも大丈夫なんだよ。

そして、そのほうがはるかに人生は上手くいくようになるんだから。我慢するのが間違ってるって意味じゃないんだ。ただ、あるやり方で上手くいかないなら、違うやり方に変えてみたら？って話なんだよな。

並木先生　そうそう。もうわかったよね？「耐えキャラ」を手放して、「ゆるキャラ」にキャラ替えしてみたら？

和美　キャラ替えかぁ。考えたこともなかったな。年齢的にも、いつの間にか守りに入ちゃって自分自身を変える、なんて冒険はしなくなってました。夫や子供がいるから、いつも自分は後回しになってたし……。

並木先生　今のあなたみたいに、現実が上手くいかず、問題が浮き彫りになっているのは、「変化するときを迎えていますよ」っていう「サイン」なんだ。この世界は「鏡」なんだって話をしたけど、まずは自分が変わることなんだよね。変えるべきところを変えさえすれば、現実は上手く流れ始めるし、問題は溶けて消えていく。でも多くの場合、あなたが言うように守りに入ってしまって、自分を変えるところまではいかないんだよね。

和美 変わるって、口で言うほど簡単じゃないですよね。私だって、変われるものなら変わりたい。でも、息子のためにも、私が頑張ってママ友グループとの関係性を守り通して、少しでもいい環境を作る必要があるんじゃないかって……。

並木先生 それも、よくわかるよ。でもね、特に今っていう時代は、ものすごいスピードで変化していってるんだ。数ヶ月前までは想像もしなかったようなことが、世界規模で起こって、今までの常識が通用しないときを迎えているのはわかるよね？だからこそ、僕たちは常に変化の流れに乗る必要があるんだ。それは順応性であり、適応力でもあるけど、これがなければこの先、生き残って行くことはできないよ。

和美 もちろん、それはよくわかります。

並木先生 だったら、話は早いよね。最近は学校の授業もオンライン化され始めたし、そのうち「友達」っていう概念すら、全く変わってしまうかもしれないよ。ネットを通して、いろんな人と繋がれる環境が身近になるほど、日本人だけじゃなく、海外との繋がりもできる。そうやってできた友達のほうが、身近にいる友達より気が合うかもしれないし。だから、ただ同じ幼稚園や学校に通っているっていうだけで、その人間関係に縛られる必要なんてないんだよ。

和美 そうなんですかね……。未来のことは、なかなか想像できなくて。

並木先生 ところで、あなた最近、行きたくもない同窓会に行ったでしょ？

和美 ええっ、どうしてわかるんですか？　最近、中学の同窓会に行ったばかりなんです。私、昔からイジられるタイプで、大人になった今もまた嫌な思いをするかなって思いつつ、誘われたこと自体が嬉しくて参加しちゃって……。

宇宙人 何だって⁉　イジられるってわかってて行ったのかよ。もう、お前さんの行動、謎だらけだわ。

並木先生 宇宙人的にはそうかもしれないね（笑）。でも、僕たち人間にとっては、よくあることなんだ。満たされていないと、そういうループに自らハマっていっちゃうものなの。そして、予想通りイヤな目にあったとしても、都合よく記憶を上書きして、「久しぶりに旧友に会えて懐かしかった」とか、「思っていたよりは楽しかった」って、自分自身に思い込ませるんだ。

宇宙人 何だそりゃ⁉ それじゃ、救われねーじゃねぇか。いや、本人が納得してるならいいってことか……。

和美 ううん……私、今からいろいろ変えたほうがよさそうですね。カウンセラーの方が言ってくれてるんだから、きっとそうなんだわ。

並木先生 うーん、**誰が言ってるからではなく、まずはあなたの心に聞いてみることが大切**だよね。自分で腑に落ちるって感じるならそうすればいい。反対に全然しっくりこないって感じたら、迷うことなく、自分の感覚を優先するんだ。あなたがあなたの人生の主人公なんだから、誰かに自分の人生の選択権を譲り渡しちゃいけないよ！

宇宙人 そうだそうだ！ 人生の決定権を、他人に渡す必要なんて全くないんだからな！

本当の気持ちに従うことの大切さ

和美　今日は、なんだか目が醒めた感じ。

並木先生　本当に？　もし、そうなら、僕も嬉しいよ！

和美　私自身が、あのママ友グループを引き寄せていたんだってことが、よくわかりました。でも、どうしたら満ち足りた人たちを引き寄せていけるのか、よくわからなくて。

並木先生　簡単だよ。何度も言ったように、あなたの「本当の気持ち」に従って、やりたいことを楽しめばいい。それがあなた自身を満たすことになるから。

和美　それって、私が本当にしたいことをしていいってことですか？

宇宙人　そんなの当たり前じゃん！　で、いったい、お前さんは何をしたいの？

和美　実は、外に出て働きたいんです。ずっと、出産前みたいに働きたいと思ってて……。この間求人サイトを見ていたら、1日4時間からできる事務のパートを見つけたんです。これなら、子育てをしながらでもできるかなって。

宇宙人 おぉ、いいじゃん、とっとと応募しちゃえよ！

並木先生 それなら、なおさら、ママ友グループとはさっさと別れて、新しい世界に踏み出したほうがいいじゃない。あなただって、あの人たちと毎日のように何時間もお茶しながら、そう思ってたんでしょ？

和美 ええっ、なぜ知ってるんですか⁉

並木先生 だから言ったでしょ、いろいろ視えちゃうって（笑）。それにしてもあなた、よく自分の興味のない長話に、笑顔で和やかに参加してたよね。「本当の気持ち」と、自分がやってることがかけ離れすぎてると、必ず身体に不調が出るから気を付けてね。それは、あなたの本質である魂からの「いい加減、自分の本当の気持ちに気付いて、魂が望む人生を生きて！」ってサインだから。

和美 そうなんですか⁉　我慢するのがクセだったから、気付いていなかったかも。

並木先生 まずは、「自分が嫌なことをやめる」こと。言い換えると「NO！」と言う勇気を持つんだ。最初は怖くても、歯を食いしばってでも、**「自分の本当の気持ちと違うことはやらない」って決めることが大切**なんだよ。

宇宙人　それが、自分の魂が望む、本当の人生を生きるための最初のステップになるから。それじゃ手始めに、その紙の山を、お前さんを苦しめてる奴のところに返しちまおうぜ。それがあると、なかなか決心がつかないだろ？

和美　えっ、じゃあ、「やっぱり断ります」って言いに行かなきゃ。気が重いなぁ。

宇宙人　まかせろ。俺、そういうのもできるから、お前さんの代わりにＬＩＮＥでメッセージを送っといてやるよ。念じるだけで、なんでもできるからさ。任せてくれる？

和美　えっ、メッセージも送ってくれるの⁉　でも、失礼なこと言わないですか？

並木先生　あのさ、彼女たちが、あなたに対してしてきたことのほうが、よっぽど〝失礼〟だよね。まあ、あなたが「ＮＯ！」と言わなかったことで、彼女たちに自分を失礼に扱う許可を与えていたんだけど。とにかく今は、宇宙人に「問題解決お任せパック」でお願いするといいよ。イヤなメッセージとかが返ってこないように、今度顔を合わせたときにも、冷たくされないように根回ししてくれるから。

和美　根回し？　いったいどこに？

宇宙人　決まってんじゃん、宇宙にだよ。ただし、俺の「問題解決お任せパック」を使うには、条件があるぞ。

和美 な、なんですか?

宇宙人 それは、自分を変える勇気を持つこと。自分をもっと大切にすること。そして、お前さんの「本当の気持ち」に耳を傾ける習慣をつけること。できるか?

和美 はい。今日からやってみます!

宇宙人 OK! じゃあ、これからは必要以上に我慢しない地球人になってくれよな。本当にヤバい奴からは走って逃げろ。本当にイヤなことは徹底的に拒め。そして、お前さんの心がワクワクすることで人生を満たしていくんだぞ。そうやって、お前さんが笑顔で明るく幸せに生きていたら、家族も友達も、みんなが幸せになることを忘れるんじゃねぇぞ。じゃあな!

宇宙人は一瞬強く光ったあと、資料の山を抱えたまま消える。

和美 い、いなくなった……⁉

宇宙人からのメッセージ 6

「イヤな人間関係を
断ち切る勇気」を持とう。
自分を変えれば
道は必ず開けるはず。

不倫を繰り返す
翔太（26歳）の目醒め

不倫がやめられないのは「罪悪感」が原因!?

デパートの男性向けブランドもの売り場で、2つの財布を見比べている翔太。近くで商品を選んでいる並木先生に話しかける。

翔太　すみません、ちょっとアドバイスをもらってもいいですか？

並木先生　え？　僕？

翔太　はい。ちょっとだけ……。

並木先生　もちろん。何を悩んでるの？

翔太　この黒い財布と茶色い財布。どっちのデザインが、大人っぽく見えますか？

並木先生　あっ、財布の話？　あなたが使うの？

翔太　そうなんです。僕にとっては大きな買い物だからハズしたくなくて。

並木先生、翔太を少し見つめた後、２つの財布を見比べる。

並木先生 こっちの黒いほうかな。茶色いほうよりあなたに似合ってる。もちろん、大人っぽくも見えるよ。

翔太 本当ですか？　じゃあ黒色の財布に決定。ありがとうございます！

並木先生 でも、なんで大人っぽく見せたいの？　仕事上の理由？

翔太 あ、いえ。そういうわけじゃないんですけど……。

並木先生 なるほどね……。あなたは別に、大人っぽさを求められてはいないよ。今のままで、背伸びなんかしなくたっていいんだよ。むしろ、「無邪気な子供」みたいな部分を出したほうがいい。

翔太 え？　ど、どういうことですか⁉

並木先生 あっ、驚かせちゃったかな。僕はいろいろ視える力を持っていて、人の気持ちや、その人の人生の問題点なんかがわかるんだ。その能力をいかして人生相談の仕事をしてるんだよ。

翔太　そうなんですか。ちょっとびっくりしました。最近、僕が悩んでいたことの答えを言ってもらった気がしたので。

並木先生　そうだよね。でも、今はそれが一番大切なことだよ。

翔太　どうして、人の気持ちがわかるんですか？　いいなぁ。うらやましい。

並木先生　あなただって、かなりわかってるでしょ？　今まで多くの人を惹き付けてきたことが、その証拠だよね。

翔太　えっ？　多くの人って、もしかして……。

並木先生　ごめんごめん。さっきも言ったけど、僕、いろんなものが視えちゃうから。

翔太　……あの、実はここのところずっと悩んでいることがあって。少しでいいので、人生相談に乗ってもらえませんか？　もちろん相談料もお支払いしますから！

並木先生　いらないよ、お金なんて。あなたの苦しみが少しでも消えるならね。まぁ、立ち話になっちゃうけど。

翔太　本当にいいんですか？　ありがとうございます。でも、なんで僕が苦しい思いをしてるってわかったんですか？

並木先生　だってあなた、常にモヤモヤしてるじゃない。しかも、いつも同じテーマで。それじゃ、苦しいに決まってるよね？

翔太 そうですね……。本当にお見通しなんだな。じゃあ、洗いざらい話させてもらいますね。実は僕、年上女性との不倫ばかりしちゃうんです。同世代の女性にアプローチされることもあるけど、興味が持てなかったり、全然長続きしなくて……。余裕があって、甘やかしてくれる女性じゃないとダメなんです。

並木先生 うん、うん。それで、何が悩みなの？

翔太 決まってるじゃないですか！　不倫がやめられないってことですよ。

並木先生 じゃあ、やめなきゃいい。悩むことなんて、何一つないじゃない。だって、お互いに好きで、同意の上で不倫してるんでしょ？　自分の本当の気持ちに従って、やりたいことを貫いているのなら、それでいいんじゃないの？

翔太 えっ!?　そんなことを言われたのは初めてです。不倫をやめなくていいだなんて。

並木先生 そう？　僕から見ると、あなたがなぜ、不倫に罪悪感を抱いているのかがわからないんだけど。だって、自分から不倫を始めたんでしょ？　相手のことが大切なんでしょ？　もし、僕が「不倫はいけないことだから、やめたほうがいい」って反対したら、すぐにやめられる？

翔太　いや、それは難しい気がします。そもそもそんな簡単にやめられるのなら、こんなふうに悩んでないですよ。

並木先生　でしょう？　じゃあ、相談するだけムダだし、そもそも悩むのだってムダじゃない？　あなたは、何度、不倫を繰り返しても、「そのたびに本気」なんじゃないの？　それとも、ただの遊びなのかな？

厳しいことを言うようだけど、僕には、今のあなたは「不倫というイケないことを繰り返してしまって、本当にごめんなさい」って、自分を責め続けるゲームに没頭しているようにしか見えないんだよね。本当は罪悪感とともに生きることを、どこかで気持ちよく感じてるんじゃない？

翔太　そんな……。じゃあ僕は自ら進んで苦しんでいるっていうことですか？

並木先生　そうだよ。苦しみたくないなら自分を責めるのをやめて、罪悪感を手放して不倫相手と真剣に向き合って恋愛すればいいんだよ。

翔太　はぁ……。ごめんなさい、想像してたアドバイスと違うから驚いちゃって。

突然、翔太の目の前のディスプレイが光り、陳列された商品の間に、手の平ほどの大きさの宇宙人が現れる。

宇宙人 おい、地球人！　ものわかりの悪い奴だな！　お前さん、デートの待ち合わせをしてるんじゃないか？　さっさとナミキンの話を理解して、恋人のところに行ってやれよ。なんなら、お前さんの時間を少し延ばしてやることはできるぜ。

翔太 うわっ！　なにこれ、人形？　今しゃべりましたよね⁉

並木先生 あ、彼は僕の相棒だよ。地球人助けのボランティアが趣味で、毎日ＵＦＯでパトロールしてるんだ。自分の体をいろんな姿形に変えたり、時間や空間を操ったりする力もあるんだよ。

翔太 ま、まじですか……。今日は、なんだかすごい人たちと会っちゃったな。

並木先生 それよりあなた、これからデートなんでしょ？　じゃあ、笑顔で行かないと。そんなに沈んだ顔してないでさ。

翔太 あっ、そうだった。最近、心に余裕がないせいか気付くと暗い表情になっていて。

並木先生 不倫だろうとなんだろうと、あなたが大切だと思う人と関わるときは、その人の魂と真剣に向き合わないと。余計な心配なんかにとらわれないで。そもそもあなた、自分一人で勝手に悩んで苦しんでるだけじゃない。それって、自分で自分の首を絞めてるようなものじゃない？　考えすぎるのをやめて、自分の気持ちに正直に、シンプルに生きてごらんよ。

宇宙人

そうだよ。フリンしてる奴って、とにかくよく悩むんだよ。起きてる間はずっと罪悪感をこねくりまわして、**道徳観や倫理的ルールに背いてる自分に酔いしれてる**っていうかさ、それが一種の快感になってるんだよ。だから、フリンってなくならないんじゃねーの？　もちろん、その人を想う気持ち自体を間違ってるだの、嘘だのと言いたいんじゃないんだぜ。「やめられない構造」みたいなもんだな。

並木先生

さすが宇宙人。本質を突いてるね。

宇宙人

ついでに、宇宙的な視点から言わせてもらうとさ、フリンだって真剣に取り組めば、得られるものはあるかもしれないぞ？　出会いを含めて、**この世界で起きることに偶然なんてなく、すべてが必然の流れの中にある**んだからさ。そして、そこから何を得ることができるのかは人それぞれ。その人がどんな意識で物事に取り組んだか、向き合ったかによるんだ。

翔太 なんだか深いですね。不倫してたこと、あるんですか？

宇宙人 宇宙人がフリン？　意味わかんないわ。俺らはいつでも誰とでも、全存在と愛し合ってるんだよ！

翔太 全存在と愛し合う？　ますます理解できなくなってきた……。

並木先生 ごめんごめん、あなたが急いでると思って、僕が結論から話しちゃったから。ちゃんと筋道立てて説明したほうがいいね。ねぇ、宇宙人。彼を取り巻く時間の流れ、操作してくれないかな？

宇宙人 任せとけ！　ナミキンとゆっくり話しても待ち合わせに間に合うように、時の流れを遅らせておくよ。

並木先生 ありがとう。さてと、一体全体あなたの悩みは何だっけ？

この世に絶対的なルールは存在しない

翔太　はい。単刀直入に聞くと、僕は不倫をやめるべきなんでしょうか?

並木先生　どうして「やめるべき」って思うの?

翔太　だって、昔から不倫のことを「道ならぬ恋」って言うじゃないですか? 僕、既婚者と付き合うようになって、不倫を題材にした小説を読んだり、映画を観たりしたんですよ。いわゆるハッピーエンド的なものもありましたけど、責められたり非難されたりして、悲惨な末路をたどるものも多くて……。やっぱり、不倫って「道」に背いてるんだなって思ったんです。

並木先生　なるほどね。確かに昔の作品には、特に多いかもね。でも、そもそも「道」って何だと思う?

翔太　あくまでイメージですけど、「法律」とか「ルール」とか、そういう「人が歩む

並木先生 べき道」とされるものでしょうか？

翔太 その通り。じゃあ、その「道」って、いったい誰が決めたんだと思う？

宇宙人 詳しいことはわからないけど、政治家とか教育者とか、人の上に立つ人ですか？

そう。今お前さんが言ったように、人間が決めたものに過ぎないんだよ。政治家だろうと教育者だろうと結局は人間だろ？　今、この地球は大きく変化しようとしていて、宇宙時代に突入し始めているんだぜ。世界の情勢を見てるとわかるんじゃないかな？　これからは、そんな誰かが決めた小さな世界観の中で生きるんじゃなく、もっと大きな宇宙的な視点を持つことが大事になるんだぜ。

翔太 ど、どういうことですか？

並木先生 わかりやすく言うと、宇宙的な観点から見れば、何事もオールOKなんだ。つまり、**宇宙には制限は存在してなくて、何かを禁止したり、裁いたりはしない**ってこと。要は、決まりきった道なんてないんだよね。

翔太 え？　そうなんですか？　そう言われても、ピンとこないなぁ。だって、僕たちの社会って、決まりごとばかりじゃないですか。法律や交通ルールに、マナーだってある。僕の会社にも「お客さんには新入社員がお茶を出す」とか、「社内用の

並木先生　資料は白黒で印刷する」っていうルールがあるし。

翔太　でも、ちょっと考えてみて。あなたの会社のルールって、他の会社では通用しないものだってあるでしょ？

並木先生　まあ、そうですよね。あくまで僕の会社内の話ですから。

翔太　そうだよね。会社が変わればルールも変わる。ということは、**絶対的な決まりごとなんて存在しない**んじゃない？

並木先生　うーん。でもマナーや法律は、ある程度どこでも共通するんじゃないですか？

翔太　じゃあ、今度は少し視野を広げて「会社」じゃなくて、「国」で考えてみようか。日本では、家に入るときは玄関で靴を脱ぐよね。でも、アメリカやヨーロッパでは靴を履いたまま部屋の中に入る。生活習慣がガラリと違う。カルチャーショックを受ける人もいるかもしれないけど、「どちらの国のルールが正解か」なんて決められないと思わない？

並木先生　そりゃそうですよ。それが、海外の文化なんだから。

翔太　「宗教」の場合もそう。「豚肉」は食べない、「牛」は殺さない。そんな厳格なルールを定めている宗教があるけど、その宗教に属していない人は、なんの疑いもなく豚肉も牛肉も食べてるよね。

だから、ところ変わればルールも変わるっていうだけで、全世界に共通のルールなんてないんだよ。もっと言えば、日本では配偶者以外との恋愛は「不倫」と呼ばれるけど、一夫多妻制を認めている国だってあるじゃない？

翔太　あっ、そうでした！

並木先生　そうやって、視野を広げて考えてみると、日本の「不倫はいけない」っていうルールも、単なるローカルルールの一つだって思えてこない？

翔太　なるほど。うんと視野を広げると、そんな見方もできそうですね。

並木先生　でしょ？　ただ僕が言いたいのは人間社会のルールなんてどうでもいいってことではなく、「そのルールは本当に必要なのか？　人間の本質から見て、それが真の幸福に繋がるのか？」って視点から捉えてみるのも大事だよってことだけど。

翔太　うーん。でも、みんながみんなルールを守らなくなったら、社会が荒れないですか？　犯罪とか、増えそうですよね。

並木先生　もちろん、今の僕たちの意識の状態でいきなりすべてのルールがなくなったら厳しいだろうね。でも、誰もが自分の心に忠実に、「本当の気持ち」に従った生き方をして心が満ち足りると、途端に状況は変わるよ。**みんなが心から自由で幸せな人生を生きることで、本当の意味で他人の自由や幸せを許し、認められるようになる。**　そうなれば、ルールなんてなくても自然とお互いを尊重し合い、調和が取れるようになっていくんだ。

翔太　ふーん。そんな世界になったらいいですけど、実際は難しいですよね。

並木先生　そうかもしれない。でも僕たちは、本当の意味で幸せなあり方を模索していくときを迎えてるんだよ。世の中は批判だらけで、「誰が悪い」とか「あれのせい・

これのせい」と不平不満をぶつけ合い、誰もがストレスに満ちた生き方をしている。本当はみんなもっと自分の気持ちに正直に、自由に生きたいと思っているはずなのに、人目を気にし、批判を恐れて我慢しながら生活している。そして、いつの間にか自由奔放に生きている人に嫉妬し、攻撃するようになるんだ。「私もあなたのように自由に生きたいけど、我慢してる。それなのに、何であんただけ、好き勝手に生きてるの？　ズルい！」ってね。それって惨めだと思わない？　そんな人たちが蔓延する世の中なんて、不健全だよね。

翔太　なるほど！

並木先生　そして、みんなが本当の意味で健全さを取り戻すことができれば、自分の人生が楽しくて、人のことを批判しなくなる。みんなそれぞれ、自分の本当の気持ちに正直になれば、本当に大切な人は誰なのか、誰と人生をともにすれば幸せに繋がるのかを、もっと的確に捉えることができるようになる。そしたら、人と人との結び付きも健全になって、不倫に対する見方も変わるかもしれないよね。

翔太　あっ、確かにそうですよね。

並木先生　残念ながら、今の社会では不倫はよくないことって判断されるから、あなたも罪の意識を感じてるんでしょ？　僕だってそんな中で、単純に「不倫がいいか悪いか」って問われたら、堂々と「いいことです」とは言えないもん。それが魂レベルの本当の結びつきなのか、単なる暇つぶしや遊びなのかによっても、全然違ってくるし。

翔太　……。

並木先生　でも、これだけは覚えておいてほしいんだけど、「不倫という〝いけないこと〟をしている」って罪悪感に捉われて毎日を過ごしている状態は、はっきり言ってよくない。それが不健全であることは、あなたが一番知ってるはずでしょ？

翔太　そうですよね。答えがわかりきっていることで毎日悩んで、自分を責めてるだけですもんね……。

並木先生　僕があなたにアドバイスをしてあげられるとしたら……、「不倫」の関係にも必然性があるかもしれないっていうこと。
言い換えると、不倫相手と出会って深く関わる必要があったのかもしれない。お互い出会うべくして出会い、愛し合っている可能性もあるんだ。

翔太　どういうことですか？　不倫の恋に必然性なんてあるんですか？

並木先生

まずは、世間なんていう不確かな概念は脇において、宇宙的視野から話してみようか。実は**僕たち人間は、この地球に「遊び」に来ている**ようなものなんだ。ただし、単なる物見遊山じゃなく、自分の魂を成長させるための「学び」が含まれてるんだよね。だから、人は誰でもこの地球に生まれた以上、寿命が尽きるまでに、その人の学びを完了させる必要があるんだ。

誰しも「課題」を抱えて生まれてくる

翔太　「魂を成長させるための学び」って、修行みたいなことですか？

並木先生　ううん。修行なんてかしこまらなくていいんだ。人間はこの世界に生まれてくるときに、自分で自分の魂の成長に必要なカリキュラムを組んでくるんだよ。「課題」みたいなものかな。別に誰かに与えられたわけでなく。
例えば、ある人は「あまり健康ではない肉体に宿ることで、健康がどれほど大切であるかを知りたい」と思い、ある人は「貧しい家庭環境に生まれることで、真の豊かさとは何かを知りたい」と思い、それを課題として生まれてくる。誰もが自分の魂を完成させるための経験を選ぶんだ。

翔太　そ、そうなんですか⁉　じゃあ、僕が選んだ「課題」っていったい何なんですか？
だって、普通、自分が生まれる前のことなんて覚えてないじゃないですか？

並木先生 そりゃそうだよ。だって、それを知りながら生まれてきたら、答えを見ながら宿題をするのと同じだし、何の意味もないじゃない？　その「課題」に気付くことも含めて「学び」なんだよ。そして、それは人生で必ず開示されるんだ。「人生で陥りやすいパターン」や「いつも同じ目にあう」っていうような現実を体験することでね。だから、ちゃんと自分の人生に向き合う必要があるんだ。もしかすると、今までのあなたの不倫経験を振り返ってみると、何か共通項が浮かび上がってくるかもしれないよ。

翔太 うーん。「年上の女性に優しくしなさい」とかなのかなぁ……。

並木先生 さっき、「不倫」の関係にも必然性があるかもしれないって話したでしょ？　例えば、不倫相手と関わることで、今まで感じたことのない気持ちを感じ、新しいものの見方や捉え方ができたかもしれない。彼女と関わって、新たな自分を発見したこともたくさんあったはずだよ。あなたの学びになってるんじゃない？　だから、それだけを取ってみても、宇宙的な観点からは「不倫＝悪」とは一概に言えないんだよね。だって、僕たちは「課題」を完成させるために生まれてきたんだから、その不倫相手との関係からしか学べない「課題」をクリアするために出会ってることだって、あるかもしれないでしょ？

宇宙人　俺たち宇宙人からするとさ、自分の学びを完了させて、成長していく地球人が増えてくれるとありがたいんだよ。それって地球がよくなっていくだけじゃなく、宇宙全体の発展にも影響するんだぜ。すべては繋がってるからさ。

翔太　うーん。でも、それってちょっと自己中心的な考えじゃないですか？　不倫相手からすれば、どうでもいい話ですよね？　もともとは、見ず知らずの他人の「学び」が完成するとか、地球や宇宙がよくなるとか。

並木先生　そうかな？　関係性って相互作用だから、お互いに必ず影響を与え合っているし、一方が成熟しよくなっていくことで、もう一方も上がっていくんだから。

もちろん、お互いに成長したいという意志を持っていないと二人ともに、とはいかないこともあるけど……。

それにシンプルに言ってしまうと、**浮気や不倫に踏み込む人の根本にあるものって「現状への不満」なんだよね。**だって、パートナーを含めた現状に満足していて幸せなら、そもそも他の人になんか目がいかないと思わない？

自分の中の「何か」に意識を向ける必要があって、それが成長に関わっているから、意識的であれ無意識的であれ、惹かれたり気になったりする。そしてその「何か」に向き合うきっかけを作って、課題をクリアしようとしてるんだ。それがクリアになれば、人は「本当の意味」で満たされる。

翔太　あぁ、確かに……。僕はいつも、何かが足りないような感じがしていました。それが何かはわからないんですけど、恋人ができると、それが埋まる気がして。でも、もしかしたらそれが僕の「課題」で、恋人との関係を通してクリアにしようとしていたのかもしれない。そして、相手のほうにも似たような「課題」があって、だからこそ惹かれ合った。そういうことですか？

並木先生　その通り！　だから、今のあなたは「不倫相手に申し訳ない」っていう思いをいったん脇に置くといいね。もし、罪悪感に浸って自分を責め続け、悲劇のヒーローを演じたいなら、もちろんいいよ。でもそうじゃないなら、「自分はパートナーから何を受け取り、何を与えられているんだろう？」とか、「二人がよりよく成長するためには、どんな関わり方がベストなのか？」ってことに、意識を向けたほうがはるかに建設的だよね。

翔太　そっか。そんなこと考えたこともありませんでした。

並木先生　どんな恋や人間関係にも、共通して言えることだけど、出会いの形やきっかけはそれほど重要じゃないんだ。だって、関係性で大切なのは「その後」じゃない？　だから、その相手と出会えたことの意味を考えて、二人の成長にいかしていけば、それでいいんじゃないのかな。あなたの今までの不倫の恋だって、すべてあなたの心の糧になってるでしょ？

翔太　確かにそうです。特に僕はまだ若いし、相手より人生経験が少ないから、いつも多くのことを教えてもらってきた気がします。

並木先生　そうだよね。でも、相手だってあなたから多くのことを吸収して、心の糧にしているはずだよ。あなたみたいに若い人の心って、まだまだピュアだから、ものの見方や捉え方も柔軟でしょ？　それって年上の人から見たら、新鮮で心が洗われるような気持ちになったり、癒されたり、本来の純粋な気持ちを取り戻すきっかけになったりするんだよね。

だから、あなたが「僕は何も与えてない」って自分自身を卑下することは全くないんだよ。あなただって、その相手の「課題」をクリアにするために貢献しているかもしれないんだから。

翔太 そう考えると、なんだかぐっときますね。不倫の恋に没頭していた時間が、大切に感じられます。今までの僕は過去の恋愛を思い出すときって、罪悪感がセットになってたから。でもこれからは、自分を責めすぎないようにしようかな。

宇宙人 そうだよ。今を生きてるのに、わざわざ過去のことを思い出して悔やんだり、未来のことを考えて、申し訳なく思ったりしても誰も得をしないぜ。人生には限りがあるんだから、つまらないことで時間をムダにしている暇なんてない。それよりも、かけがえのない今を大切にして、ワクワクしながら自分の可能性を追求し、表現していくこと。俺たち宇宙人は、そんな好奇心の塊なんだ。だからお前さんも、自分の体験をもっと大切にしようぜ。そのほうが絶対に楽しいし、得られるものも多くあるって気付けるからさ。

翔太 そうですよね……。いつも、過去を振り返って後悔や罪悪感が増すだけで、堂々巡りを繰り返してました。

並木先生 だよね？　それより、「なぜ、不倫というパターンにはまってしまうのか」について、考えていこうよ。さっきも言ったように、繰り返し体験するパターンの中に、自分が人生に設定してきた「課題」に関するヒントが含まれているんだから。

翔太　実は、それについては思い当たることがあって。僕には姉が二人いて、小さい頃から世話をしてもらっていたんです。その心地よさが忘れられないのかもなって。だから、年上女性からアプローチされると自然に受け入れちゃうというか、上手く甘えられるのかなって。僕自身もそういう安心感を求めて、声を掛けちゃったり……。

並木先生　なるほどね。もちろん、甘えちゃダメってことでもないけど、あなたはもっと自分で決めて、自分で動くことが大切みたいだね。自分で決めるより、誰かに決めてもらうほうがラクとか、誰かが何かしてくれることを期待するっていうあり方は、「それをしてあげたい」っていう人を引き寄せてしまうんだよ。だから、今のパターンから抜け出したいなら、「本当の意味で自立する」必要がある。それが、あなたの「課題」の一つでもあるんだよ。

宇宙人　そうやって「課題」に気付いてクリアにできれば、お前さんの体験する現実のパターンが変わり始めるんだぜ。

不倫に関するヒステリックな報道が多い理由

翔太 なるほど……。確かにそう言われると、その通りだと思います。そういうあり方が当たり前になっていたから、自分から動くよりは誰かがしてくれることを期待したり、自分で決めることが苦手だから、ついつい人の意見に頼ってしまったり。でも、指摘していただいてよくわかりました。少しずつ変えていこうと思います。それから、実はもう一つ気になっていることがあって……。最近ニュースを見ていて思うんですけど、不倫がバレた有名人って、ものすごく叩かれるじゃないですか？　少し時間をおいて復帰できる人もいるけど、元の立場から完全に追いやられる人もいますよね。あの現象って、どういうことなんでしょうか？

並木先生 そうだよね。僕もニュースでよく見かけるけど、中にはやりすぎじゃないかなってものもあるよね。

翔太　僕、自分が不倫の渦中にあるせいか、つい不倫報道には敏感になっちゃって。「僕たちも、バレたら袋叩きにあうのかな」「泥沼になったら、気力も体力も消耗しそうだな」とか。頭の中で、常にそんな心の声がグルグルしてるんです。当事者以外にまで責められることなのかなって疑問に思っちゃって。

並木先生　確かに、今の社会では「不倫はいけないこと」っていうのが一般的な通念。もちろん法律上もね。それに本来のパートナーが深く傷つくという事実から、責められても仕方がないっていう面は否めない。でも、今のあなたの違和感は「関係のない第三者が、寄ってたかって叩きすぎじゃないか？」ってことなんだよね？

翔太　そうなんです。インターネットを見ていると、ひどい言葉で非難する人ばかりで、見ている僕まで落ち込んでしまって。

並木先生　そうだよね……。中には正論もあるけど、正論だから何を言ってもいいってことでもない。「不倫をする者は地獄に墜ちろ」と言わんばかりに、とことん誹謗中傷してくる人もいるし。でも、彼らは「自分なりの正義」の下に、いいことをしていると思っているんだよ。ただ、言われたほうは一切言い訳できないっていう。

翔太　そうですよね。「不倫はダメだろ！」って責められたら、一切言い訳できない。

並木先生

そんな構造を見ていると、部外者でもつらくなってしまって。あなたの気持ちはよくわかるよ。当事者以外は、実質的な損害を被ってもいないし、正直関係のない話だよね。あなたが見たくないと感じるなら、有名人の行きすぎた不倫報道からは、距離を置くのが正解。自分が見たいメディアを決めて、他のものはシャットダウンすることも大切なことだよ。何でもかんでも受け入れて、わけがわからなくなってバランスを崩さないようにね。

「こひしたふわよ」に従って、「光り輝くホタル」になろう

翔太　はい。これからそうしてみます。
あと、もう一つ。たくさんの人を視てきたあなたに、ぜひ教えてほしいんですが……。人って、どんな年代でも「モテる人」と「そうでない人」に分かれる気がするんです。何か理由があるんでしょうか？　ルックスの問題だけじゃない気がして。

宇宙人　そりゃ、見た目の問題だけじゃねーよ。当たり前だろ！

翔太　この問題も、僕の悩みにちょっと関係してるんです。あの……、これからお話しすることで、僕のことうぬぼれてるって思わないでくださいね。

宇宙人　お前さん、うぬぼれてんなぁ!!!

並木先生　ちょっと、彼はまだ何も言ってないじゃない。

宇宙人 あんな前フリされたら先回りして、ツッコみたくなるわ。

翔太 すみません。あの、僕、正直モテるなって思っていて。特別ルックスがいいほうでもないと思うんですけど……。だから、理由を知りたくて。

並木先生 なるほど。「なぜモテるのか理由が知りたい」と。あなたと話していて思ったんだけど、あなたは「本当の気持ち」を大事にすることができるんだよね。それを、僕は**「本当の自分と一致してる」**って表現してるんだけど。まぁ、わかりやすく言えば、あなたは自分の欲求に素直に従うことができる人だってこと。それも理由の一つかな。

翔太 そ、それって褒められてます？　非難されてます⁉

並木先生 あはは（笑）。もちろん、最上級の褒め言葉だよ。あなたは「やりたくないことはやらない」「やりたいことだけやる」って、自分軸を大切にして生きてるでしょ？　そういう生き方って、とても魅力的で、人を惹きつける磁力にもなるんだ。

翔太 そうなんですか？　普通だと思いますけど……。

並木先生 あなたは何のお仕事をしてるんだっけ？

翔太 ＩＴ関係の会社で働いています。実は非正規で、正社員の人と比べると残業も少ないし比較的ラクな仕事だと思います。

翔太 自分で非正規を選んだんでしょ？

並木先生 はい。長時間働くと疲れそうだし、出世にもあまり興味がなくて。あと、実は趣味の副業をしたくて。それで非正規でもいいかなって思って選んだんです。

並木先生 ほら、やっぱりあなた、けっこう自由人じゃない。今の世の中、あなたみたいに自分の本当の気持ちに従って生きてる人って、そんなにいないよ。目先のお金のために自分軸を捨てて、他人軸に従って頑張りすぎちゃう人が多いよね。まあ、そうなる気持ちもわからなくはないし、自分がそれでＯＫなら、他人がとやかく言う筋合いはないけど……。

宇宙人 そうだよな。心の自由を諦めてる地球人って多いんだよ。みんな、自分の本当の気持ちを見失っちまってる。っていうか、「お前さんは、心から望むものがないのかい？」ってツッコミを入れたくなる連中ばっかりだぜ。

並木先生 **「自分の欲求に素直に従って生きてる人」って、自分の心からの望みをよく知っている**んだよね。だから、他人に流されずに、自分軸を持って生きることができる。

するとさっきも言ったように、周りからは魅力的に見えるんだよね。そして近づきたくなるものなんだ。ほら、夜道で街灯が光っていると、そこに虫がたくさん集まってくるでしょ？　それと同じで、魅力的な光を放っている人のことは、みんな放っておかないんだ。まるで、磁石と磁石が引き合うように、無意識のうちに引き寄せられちゃうんだよね。

翔太　なるほど……。

並木先生　人は本来、**自分の「本当の気持ち」に従って生きることで人生を豊かにし、その人らしく輝いた生き方ができるようになっている**んだ。つまり、**僕たちは本来、幸せになるために生まれ**

てきたんだ。
もちろん、そんなことは、忘れ去ってしまっている人のほうが大半だよ。でも、みんな心の底では「一度きりの人生を、輝いて生きたい！」って思っている。それって、本能みたいなものなんだよね。
だから、「自分もそうなりたい」っていう深いところからの思いが、自分の「本当の気持ち」に従ってキラキラ輝いて生きている人のところへ引き寄せられる。それが「モテる」っていう現象の一つの理由かな。恋愛に限らず、老若男女に対して抗しがたい魅力になるんだよ。

翔太　そうなんだ。あの……キラキラ輝くって、ホタルみたいな感じなんですかね？

並木先生　いい例えだね。今のあなたは、**光り方を忘れてしまったホタルたちの中で、「一匹だけ光り輝いているホタル」**って感じかな。だから
みんな、表面的な意識ではわかっていなくても、深いところで「その光り方を教えてほしい」って思って、集まってくるんだ。それにしても、あなたが自分の「本当の気持ち」に正直に生きるようになったのは、いつ頃から？

翔太 うーん。昔から、立派な職業に就いて、出世して、社会的に成功するっていう考えがあまりなかったんですよね。ひたすら「僕は何がしたいのかなぁ」って考えてきました。そのせいかわからないけど、中学生くらいから、なぜかモテたんです。大学生になってバイトを始めて行動範囲が広がると、年上の女性にまで声をかけられるようになって。気が付いたら、付き合う人はみんな年上で、既婚者ばかりになっていたんですよね。
恥ずかしい話ですけど……お金持ちの女性と結婚したら、一生あくせく働かなくていいんじゃないか、って思ったこともあります。

宇宙人 それは、すげーな。でも、アリだと思うぜ。とにかく、大切なのはその関係性においてて、お互いが幸せを感じられるかどうか、なんじゃねーか？ 幸せか、そうじゃないかって言うのは、「フリンか、そうでないかとは関係ない」ってことだよ。

並木先生 うん。僕のクライアントさんの中にも、不倫で苦しんで相談に来る方もいるよ。誰にでもその人を守るガイドがいるんだけど、そういうときに僕がガイドに聞くと一概に、「その関係性をやめるように」とは言ってこないんだよね。ガイドたちから、「不倫相手が本当のパートナーで、今の配偶者とは別れて違う道を歩めば、お互いにとって本当の幸せが訪れるし、今後の発展性も見込める」って伝えられることがあるんだ。

本人もわかっていても、なかなか行動に移せないこともある。それはルールや常識に縛られているからなんだよね。逆に、本人が「ただ不倫を楽しみたいだけ」の場合は、そのルールや常識がスパイスになって、不倫をする自分に陶酔している可能性が高い。「ルールに反している」「お互いに秘密を共有している」っていう罪悪感や連帯感でね。だから、すごい熱量で不倫をしていても、いざ結婚すると途端に興味が薄れたり、上手くいかなくなったりすることもあるんだ。

翔太　なるほど……。

宇宙人　人間はルールに縛られたり、ルールに違反したりして無価値感や罪悪感を感じるのが大好きなんだよな。

並木先生　そうだね、とどのつまりはそういうことになる。だって、本当にしたくないならしないから。

だから、もしもあなたが「略奪婚」に突き進むんだったら、その辺りまでシビアに考えてみることが必要だよ。望んでいた日常を手に入れたあとも、その人を好きでいたいと思えるか、お互いに高め合っていきたいと感じられるか、をね。もしパートナーが本当の相手なら、かなり先の将来までイメージできるはずだよ。途中で一切飽きることなく。でも、もし二人の未来をイメージできないなら、それは一時的なパートナーである可能性が高い。しっかり捉えるためには、クリアな意識で向き合うことが大切。もし罪悪感を持ってると、「二人の未来なんて、考えたらいけない」と思ってしまうから、それどころじゃないんだよね。

宇宙人　**罪悪感は、視界を曇らせるんだよ。物事をきちんと判断できなくなる**からよ。

並木先生　そうそう。うま味調味料で素材の味がわからなくなっちゃう、みたいな感じ。美味しくない素材が、「罪悪感」っていうスパイスで美味しく感じられちゃうことがあるから。あくまでこれは、例え話だけどね。

翔太　いや、よくわかりました。そうか、だから罪悪感を手放すことが大切なのか……。

並木先生　罪悪感を手放せたら、あとは自分の心のアンテナに従って生きていって。

翔太　自分の「心のアンテナ」？　それってどんなものですか？

並木先生　**心地よい・惹かれる・しっくりする・楽しい・腑に落ちる・ワクワクする・喜びを感じる。**この7つの感覚が人生を豊かに幸せに生きるための羅針盤だよ。この感覚が湧いてこないことは、あなたにとって「本当の豊かさや幸せをもたらしませんよ」っていうサインだから、できるだけやらないようにしたほうがいい。頭文字をとって**「こひしたふわよ」**って覚えておいて。

翔太　「こひしたふわよ」？　本当だ、面白い！　これなら納得できます。

宇宙人　ごめん、そろそろ俺のパワーが限界かも。これ以上時間の流れ、抑えられないや。

翔太　そうだ、待ち合わせしていたんでした！

並木先生　財布のお会計、忘れないでね。

翔太　はい。いろいろと聞かせていただいて、ありがとうございました。

宇宙人　最後にお前さんに一つ言っておくと、宇宙のサイクルに従って、**これから地球は「精神性」が重視される世の中になる。**お金や物っていう目

に見えるものより、「気持ち」や「感性」など「目に見えないもの」が大切にされるようになるんだ。だから、お前さんみたいに「本当の気持ち」に正直に生きる人たちが増えて、その豊かで幸せな意識から、地球を回していくようになれば、地上の天国を創っていくこともできるんだぜ。

翔太 へぇ～、楽しみだなぁ！

並木先生 そのためにも「こひしたふわよ」を忘れないでね。そうやって、「本当の自分と一致して生きる」ことほど大切なことはないんだから。

宇宙人 じゃあ、元気でな！

翔太 本当にありがとうございました！ おかげで、大きな罪悪感を手放せた気がします。

翔太は深々と頭を下げ、笑顔で売り場を去っていく。

宇宙人からのメッセージ

7

不倫中の他人を責めても、
誰も成長しない。
不倫中の自分を責めても、
誰も得しない。

CASE 8

存在理由についての悩み

生きる理由に悩む
義男（59歳）の目醒め

「何のために生きるか」という大きすぎる命題

とあるホテルのラウンジで、義男が分厚い本を読んでいる。ウェイターが紅茶を運んでくる。少し経ち、頼んでいない商品が運ばれてきたと気付いた義男は、ウェイターを呼ぼうと周囲を見渡す。

並木先生　何かお困りですか？

義男　実は、間違って注文していない紅茶がきてしまったみたいで。

並木先生　ああっ、それ僕かもしれません。ダージリンのホット、さっき頼みました。じゃあ、引き取りましょうか？

義男　いいですか？　助かります。

並木先生　それより、何の本を読んでらっしゃるんですか？　すみません、気になって。

義男 サルトルです。フランスの哲学者の。
並木先生 それはまた、難しい本を……。すごいですね。
義男 いやいや、好きなもので。

そこへ、光とともに宇宙人が現れる。

義男 うわぁ！　な、何だね、これは！
宇宙人 おい、おじさん。取り繕ってないで、言いたいことははっきりと口にしたほうがいいぞ。遠慮ばっかりしてたら、人生あっという間に終わっちまうからな！
並木先生 おや、突然のおでましだね。
宇宙人 パトロールしてたら、このおじさんに気付いたんだよ。今、紅茶の取り違えがあっただろ？　そしてナミキンと会話ができただろ？　それって、偶然なんかじゃなくて、人生のチャンスじゃん。だからおじさん、もっとナミキンと話しちゃえよ！
義男 こっ……、この物体はいったい何だ？　失礼じゃないか。

宇宙人　俺、宇宙人。お前さんに助言しに来たんだ。人助けだから、お礼はいらないよ。

義男　人助け？　私は別に何にも困ってはいないんだが……。ローンの返済も終わっているし、娘は嫁いだし、妻も健康だし、何もかも満ち足りている。

宇宙人　嘘つけ！　お前さんのどこが満ち足りてるんだよ！　悩みの沼にズブズブにハマってるだろうが。

並木先生　それは大変だなぁ。実は、この宇宙人は僕の友人なんですよ。驚かせてしまってごめんなさい。

義男　これがあなたのご友人？　地球外の生命体と、どこで知り合うんですか？

並木先生　実は僕、カウンセラーの仕事をしているんです。人の心やそれまでの人生、これからの未来などが視える、ちょっと変わった能力を持ってまして。それをいかして悩みを解決するお手伝いをさせていただいています。

義男　それは、素晴らしいお仕事ですが……。

並木先生　いわゆる特殊能力が強くなると、こういった存在とも繋がりやすくなるんです。

義男　大変なお仕事ですね。

並木先生　面白いですよ。それより、あなたはそのサルトルの哲学書で悩みを解決しようとされてたんですね？

義男　いやぁ、そんなことないですよ。

宇宙人　なんだよ、図星だろ？　なんで隠すんだよ！　はっきりと言えよ！

並木先生　あのね、地球人は年齢を重ねるとありのままを話すことが、だんだん難しくなるの。特に男性の場合はね。

宇宙人　そんなこと言って一人で悩んでたら、あっという間に病気になっちゃうぜ？

義男　病気になる？　それは困る。私はもうすぐ定年退職する予定で、第二の人生を楽しみたいと思っているんです。

並木先生　そうですよね。だったらなおさら、悩みなんて手放したほうがいいですよ。よかったら、あなたのお悩みを話してくれませんか？　お力になれるかもしれません。

義男　そうですか。あなたはとても礼儀正しいし、常識ある方のように見える。せっかくの機会だから、お言葉に甘えて少しお話をさせてもらおうかな。

並木先生　はい、ぜひどうぞ。

義男　実は、いい年をしてお恥ずかしい話なんですが……。私、**何のために生き**

ているのか、わからなくなってしまって。だから答えを知りたくて、学生時代に好きだった哲学書を引っ張り出してきて、読んでいるところなんです。

並木先生　なるほど。それで、サルトルを。でも難解で有名な本ですよね？

義男　昔はこういった哲学書を読むのが、教養として当たり前のように思われていましたからね。みんな、競い合うように読んでいましたよ。意味を理解していたのかと言われると、苦しいところですけれどもね。

並木先生　人生経験を積まれた今、改めて読み返してみてどうですか？　書かれていることの意味は、よくわかるようになりましたか？

義男　それが正直なところ、やはりよくわからないのです。もちろん、言葉として何を言いたいのかというのは、理解ができますよ。でも、それが「他人事」に感じられるというか、自分の生活や人生との接点が見つけられなくて。実感が持てなくて、心が躍らないといいますか。

いろいろ考えたすえに、「自宅の書斎で読んでいるから、つまらなく感じるんじゃないか」と思いついた。そして、広くて豪華な空間で読めば、受け取り方も変わるだろうと思って、ここで読書をしていたんです。

並木先生 確かに、場所を変えるだけで感じ方が変わることもありますからね。それで、「何のために生きているのか」という答えには、たどりつけたんですか？

義男 笑わないでくださいね。実は、全くわからないんです。それで、読書なんかやめてしまおうかと思っていたところで、あなたとお会いできたというわけです。

並木先生 そうだったんですね。ところで、お話を伺っていて気になったことがあるんですが、そもそもどうしてあなたは「何のために生きているのか」という疑問を持ち始めたのですか？　何かきっかけがあったんですよね？

義男 少し重い話になりますが、いいですか？

並木先生 もちろん。お差し支えのない範囲で。

義男 実は先月、親父が90代を目前に、老衰で突然亡くなりましてね。

宇宙人 もう、大往生じゃん！

義男 ただ私にとっては、それまで大きな病気をすることもなかった親父が、急にこの世を去ったことが、ショックだったんです。「人生１００年時代」なんて言われてますから、「１００歳くらいまで生きてほしい」と願ってもいました。

うちは親子仲がいいほうで、亡くなる前は親父を旅行や食事に連れて行ったり、親孝行はできていたほうだと思います。一緒に酒を飲んで、話もよくした。仕事の相談にものってくれた。だからこそ、「突然の親父の死」を、受け入れることができないのです。もう3ヶ月が経ちますが、「まだ3ヶ月しか経っていない」という感覚もあるんですよ。

並木先生 それは、おつらい体験をされましたね。お察しします。

義男 何よりつらいのは、親父を失った喪失感を共有する相手がいないことです。私には家族がいますが、一家の主として自分の弱っている姿なんて見せたくありません。妻も娘たちも、それぞれの持ち場で楽しく、充実して生きているし……。

並木先生 そこまで気配りされるなんて、お優しいんですね。

義男 書斎にこもって読書をしていても、家族に要らぬ心配をかけるような気がして、休日は外でよく本を読んでいるんですよ。

並木先生 そうだったんですね。
あなたには深い教養があって、知性もあって、優しさもある。さらに仕事だって充実している。それなのに、あなたが「つらい」という思いに捉われ続けている

義男 ことが、僕にはつらく感じられます。あなたは、お父様を亡くされた後の3ヶ月、ずっと苦しい思いで過ごされて来たんですよね。

そうなんです。親父が生きていた頃は、「何のために生きているのか」なんて、考えたこともありませんでした。仕事と家族サービスに没頭して、それなりに楽しく生きてきました。老後については多少なりとも蓄えはあるし、将来への不安もなかったんです。でも、親父が死んでから、自分の「死」をはっきりと意識するようになった。正直、私はまだまだ死にたくはありませんし、親父のように「突然死ぬ」っていう運命もごめんです。

宇宙人 その「死にたくない」ってのが、おじさんの最大の悩みなんじゃねーのか？

義男 あっ！　そうなんでしょうか？　今まで意識したことはありませんでしたが。

並木先生 どうやら、本当の気持ちに気付いたようですね。それは素晴らしいことですよ。

義男 ごめんなさい。長々とお話しするうちに、気付きました。こんな気持ちは、誰にも打ち明けたことがなかったな。

並木先生 「本当の気持ち」に気付くために、カウンセラーは存在していますから。たくさんお話しいただいていいんですよ。というか、話さないと気付けないこともあります。どんどん本音で話してください。手柄話とか武勇伝ではなく、「人様には恥ずかしくて言えないこと」を明かしてもらったほうが、結果的に早く解決しますから。

義男 わかりました。じゃあ続きをお話しすると、「まだ死にたくない」と思ううちに湧き上がってきたのが、「何のために生きるのか」という疑問だったんです。だって、人は誰しも必ず死にますよね？　どんなにいい人でも、お金持ちでも、みなやがて死ぬ。人生の長さは異なるかもしれませんけれど。そう思うと、すべてのことが虚しく感じられてきてしまったんですよ。旅行先できれいな景色を見ても、美味しいものを食べても、素晴らしい映画を観ても、どうせ最後は「死ぬ」。もう家で寝ていればいいんじゃないかってね。

宇宙人 おいおい、ずいぶん極端だなぁ。

義男 そうなんです。思い詰めて、疲れてしまったのかもしれません。それで次に、楽しかった学生時代を思い出して、昔読んだ哲学書にもう一度向き合い始めたんです。でも、残念ながら、その答えにたどりつけてはいないんです。

DoingよりBeingが大事

並木先生 じゃあ一度、「哲学書」を手放してみましょうか。だって、今のところ、どんな「答え」にもたどりつけなかったんですよね？　だったら、別の角度から問題にアプローチしてみましょうよ。これ以上多くの哲学書を読んだとしても、具体的な解決策が見つかる保証はないですよね？

義男 ……そうかもしれないですね。じゃあ、いったい何をすればいいですか？

並木先生 難しく考える必要はありませんよ。**「人生の目的は、ただ生き切ること」**って捉えてみるのはどうでしょう。とてもシンプルだと思いませんか？　どんな条件も付けません。病気にかかっても、心が苦しくても、人生の目的とは「ただ生き切る」こと。そう思えば、ラクになりませんか？

義男 それはそうですが……。そんな低い志で過ごしていて、人として大丈夫なんでしょうか？　私はちょっと心配になりますが。

並木先生　ちなみに、「低い志」とは？

義男　人として生まれてきたからには、その人独自の功績を世の中に残して、死んでいくべきだと思うのです。えーっと、例を挙げてみましょうか。「会社を興して広く社会に貢献した」「目覚ましい業績を残して、業界を活性化させた」「優秀な人材を育てた」とか。そういった「結果」を出さずに、だらだらと過ごして一生を終えるというのは、人としていかがなものかと。

並木先生　なるほど……。ちなみに、あなたの今までの功績は何ですか？

義男　役員の一人として、二年前にわが社を上場させたことですね。

並木先生　それが、あなたご自身の人生の「結果」なんですね。

義男　はい。だから、あなたがおっしゃる「人生の目的は、ただ生き切ること」という説には、ちょっと賛同しかねます。「ただ生き切る」だけじゃなくて、やはり人様から、より高い評価を頂戴するようにならないと……。

並木先生　でも、その考え方を貫いてきた結果、今「何のために生きているのか」わからなくなって、立ち止まってらっしゃるんですよね？

宇宙人　それなら、「人から高い評価をもらうこと」を、目的にしなきゃいいじゃん！

義男　でも人から高い評価をもらうこと以外の基準なんて、私には思いつきませんよ。

並木先生　じゃあ、一つお聞きしますよ。あなたは「自分自身から高い評価をもらうこと」には、興味がないですか？

義男　はぁ？　どういうことですか？

並木先生　わかりやすく表現すると、**自分の「本当の気持ち」に気付いて従うことで自分自身と一致する**、ということです。**本当の自分を生きることで、自分を満たす**んです。

義男　ごめんなさい、おっしゃることの意味が、私には理解できないのですが。

並木先生　平たく言うと、**人からの評価を気にするのではなく、自分自身が「真に望む状態」で生きること。**これが人生の目的なんです。だから、成績なり仕事の業績なり、何かの結果を残すよりも、どんな状態であるかというほうが大事なんです。つまり、**「Doing」よりも「Being」が重要**なんですよ。

義男　そうなんですか？　じゃあ、結果や成果はどうでもいいってことですか？

並木先生　はい。それよりも、大事なことは自分の「本当の気持ち」に一致して、自分を一瞬一瞬満たしながら生きているかどうかです。

義男　私のようにずっと会社のために働いてきた人間には、理解しがたい話だなぁ。

並木先生　そうですか？　でも、そうやって今まで頑張ってこられたからこそ、理不尽な思いをされたこともあるんじゃないですか？

義男　え？　どういうことでしょう？

並木先生　結果が大事という「成果主義」の場合、競争が生じることが多々ありますよね？　入学試験や入社試験、組織内での出世レース。それに個人間に限らず、資本主義の世の中では、会社同士がライバルになる。他人に追いつけ追い越せ。そんな勝ち負けの世界で、今まで心が擦り減ることはありませんでしたか？　もしくは、一生懸命戦っても負けてしまったとき。むなしくはならなかったでしょうか？

義男　それは資本主義の世の中だから、やっぱり仕方がないことでしょう。

並木先生　ではあなたは、そうやって他人と競い合い、自分の評価を高めるために生まれてきたのだと思いますか？

義男　うーん。それは違うと思うなぁ。「外に出ると、他人と競い合う」。そこには当然ストレスもつきまとう。だからその反動で、家庭に戻ったときには「人からの評価」なんて忘れて家族と過ごして、互いを大事にするんだろうなぁ……。

並木先生 では、家庭と過ごすような和やかさや気楽さ、そして快適さで、いつも過ごせたら幸せだと思いませんか？

義男 そりゃあ、それが一番の理想ですよ。ただ、それじゃ家族を養ってはいけないですからね。外に出て、身を削りながらでも、あくせく働かなきゃ。

並木先生 では、死ぬまで「人から高い評価をもらうこと」を求めて、頑張るしかないんですね？

義男 そこなんですよ。実はもう疲れていて、頑張れないと思うときもあるんです。

並木先生 では、さっきご提案したように、人生の目的を「ただ生き切ること」に設定し直してもいいんじゃないですか？ もう**「勝ち負け」の世界から降りて、自分自身の「本当の気持ち」のおもむくままに生きていけばいい**のでは？

義男 そんな生き方ができればいいと私も思いますよ。ただ、誰からも相手にされなくなったり、社会に必要とされていないようで、苦しいんじゃないでしょうか？

自分自身と繋がるために生きる

宇宙人　「社会」になんて、必要とされなくたっていいじゃん！

義男　な、なんていうことを言うのかね！

並木先生　でも、宇宙人の言う通りですよ。社会から必要とされていようがいまいが、人はどうせ死ぬんです。それなら、死ぬときに一切後悔しないくらい、本当の自分として生きたい、生きさせてあげたいと思いませんか？
そろそろ、人から高い評価をもらうというレースから降りて、自分の「心地よさ」を優先して生きるんです。要するに、**他人の評価を軸にするのではなく、自分の「本当の気持ち」を評価の軸にする**ということです。**他人軸から自分軸へ。**この転換を図らない限り、本当の意味で満足することはないし、常に他人に振り回される人生になってしまうんです。

義男　なるほど、そういうことですか。ようやく飲み込めてきました。

並木先生

ただ、自分の「本当の気持ち」を評価の軸にするという考え方は、私には全く耳慣れないものですね。いや、私の世代の男性ならみんなそうだと思いますよ。まぁ、我々が受けてきた教育も、その理由の一つなんでしょうね……。

私たちは幼い頃から、「他人からどう評価されるか」とか、「周りからどう見られているか」という枠組みの中でしか生きてこなかった。それ以外の枠組みがあるとは思いもしなかった。学校での成績、入試、就職試験……。年代ごとに用意されたレースに参戦して、そこで上を目指すことが幸せへの近道だと思って生きてきたんです。

じゃあ、今から見方を変えて「自分の心地よさを優先」しながら、

毎日を楽しんでみてください。「ただ生き切ること」を一番の目標にしてね。

義男　そうですね……。ただ、私にはまだわからないことがあるんです。世の中のすべての人が「ただ生き切ること」を目標にしたとしますよ。それで、社会は上手く回るものなのでしょうか？

並木先生　我々の世代でよく言われたのは、「自分の役割を見極め、それを全うする」ということでした。誰にでも得手、不得手がありますよね。その中で得意な事柄の専門性を高めて、社会貢献すべしという考え方が浸透していたんです。

だから、「生き切る」という低レベルな段階ではなく、それぞれが自分の得意な専門性を発揮して生きたほうがよいのではないでしょうか？

いわゆる「役割」ですよね。おっしゃることは、もちろんよくわかります。でも、そういう考え方って重たすぎて、疲れてしまいませんか？　結局、「成果主義」で生きてきたときのように、頑張ることを自分に強いてしまいますよね。それじゃあ、年齢を重ねるうちに、疲れ果ててしまうじゃないですか。

だから、できれば**「役割」という概念からも自由になったほうが**

いいと思うんですよね。「役割」や「役目」っていうと、どうしても義務感がつきまといますから。

義男　なるほど。確かに「役割」と義務感は、セットになるような気がします。じゃあ、人生の目的とは、本当に「ただ生き切ること」だけでいいんですか？

並木先生　あっ、大事なポイントをまだお伝えしていませんでした。**「ワクワクしながら、喜びを感じながら」**っていう要素を忘れずに、生きてくださいね。

義男　ワクワク、喜び？　そりゃいったい何のことですか？

並木先生　**人は誰もが、幸せになるために生まれてきている**んです。僕も、もちろんあなたもです。一生懸命努力して結果を出すことや、我慢に我慢を重ねて周りから「立派な人」と言われるために、生まれてきたのではありません。

義男　はい。それについては、さっき納得できました。

並木先生　他人軸ではなく自分軸を優先するとき、「そこにワクワクや喜びがあるか」を、一つのものさしにして行動すれば間違いありません。

義男　それは、自分がワクワクしたり、喜びを感じるということですか？　極めて利己的な振る舞いのように、私には聞こえるのですが？

並木先生　いえいえ、利己的なわけではありません。「自分の本当の気持ちに素直に従う」って言い換えると、わかりやすいかもしれません。確かに、自分軸を中心にすると言うと、表面的には「利己的」に聞こえてしまうかもしれませんけど。でも、ここで大切なことは、あなたの「本当の気持ち」は、他の人の気持ちと同じように、尊く大切であるということなんです。

宇宙人　そもそも自分の「本当の気持ち」に気付くことって、なかなか難しいんだぜ。本心で何かを望んでいても、それが、何だかわからない地球人が多いんだよな。

並木先生　そう、宇宙人の言う通りなんです。実際、今のあなたがそうじゃないですか？あなた自身、読書に没頭しているようにお見受けしましたが、本当の欲求は「本を読みたい」ということでも、「何のために生きているのかを知りたい」ということでもない。ストレートに言えば「死にたくない」という欲求でしたよね？その気持ちを口に出したのは、僕と出会って初めてだったんですよね？

義男　ああ……。そう言われれば、そうですね。「本当の気持ち」や欲求に気付くのは、実は至難の業なのかもしれませんね。

並木先生　そして、その「本当の気持ち」や欲求に従うことも、多くの人にとって困難なことなんです。自分の「本当の気持ち」や欲求に素直に従っている人は、周りから見たら自由人で、「好きなように、やりたいようにやっている」と見られる。すると、本当はそうしたいのに、できない人たちから嫉妬やバッシングを受ける。だから難しいんです。

他人軸で生きて、人の意見や評価に振り回されるのではなく、本当の気持ちに従い自分軸で生きることほど、大切なことはありません。それができたとき、人は本当の意味で幸せになることができるんです。

義男　ふむ。あなたと話していると、自分がいかに古い考えか、痛感させられますなぁ。

並木先生　僕は、決してあなたを責めたいんじゃありません。ただ、「どうすればもっとラクに幸せに生きられるか」「どうすれば自分自身を満たすことができるか」を、お伝えしたいだけなんです。

あなたは長年生きる中で、「本当の気持ち」という自分の「内」ではなく、周囲の期待や評価という「外」を向いて過ごしてきた。そして、一見当たり前に思えるその生き方こそが、今の苦しさの原因になってしまっているんです。**「すべては自分の中にある」**からこそ、自分に繋がることが大切なんですよ。

特に「自分の気持ちにフタをして生きてきた人」は、自分に繋がる感覚を忘れてしまいがちです。それは仕方のないことですが。でも、「もう、いい加減やめよう！」と決めさえすれば、それだけで自分に繋がりやすくなっていくんですよ。

義男 そうなんですか。私には、哲学書を読んでいるほうがラクな気がするなぁ。

並木先生 あの、失礼ですけど、あなたはそれで「何のために生きているのか」の答えは、得られたんでしたっけ？

義男 いいえ……。

並木先生 読書も実は「自分の外」を探る行為なんです。だって他人の書いた軌跡を、丹念にたどる行為ですから。もちろん、自分自身の考えと同じ内容もたくさんあるでしょうし、学べることも多いと思います。でも、本に書かれたことすべてに、共感するのは難しいでしょう？　だから、**最初は違和感があったとしても、「自分に繋がる」ことを心がけることが大事**なんですよね。

義男 じゃあ具体的に、どうすれば「自分に繋がる」ことができるんですか？

並木先生 すでにお話ししたように、**「ワクワクする」「喜びを感じる」ことを常に捉えて、その感覚と行動を一致させる**ことです。わがままに振る舞うのではなく、自分の感覚を大切にするんです。このアンテナとも言える感覚は、意識して捉えようとすればするほど感度をアップできるんです。
そしてアンテナを磨き続けるうちに、日常の中で様々なインスピレーションが湧いてくるようにもなります。「勘が鋭くなる」というと、イメージしやすいかな。自分自身の声に耳を傾けることに長けていくんですから、その他の部分でも多くの気付きが得られるのは、当然ですよね。

義男 勘ですか。私は妻によく「勘が鈍い」だの「察しが悪い」だの言われるので、心配ですね。自分の心の声に気付けるかどうか……。

宇宙人 頭で考えないで、ハートで感じるようにすればいいんだよ。おじさんだって、慣れればできるさ！

並木先生 ええ、簡単ですよ！ ハートを意識して自分との繋がりを密にしていけば、その過程で「自分の使命や役割」に気付けるんですよ。わかりやすい例を挙げると、

「何をしたいのか」「何のために生まれてきたのか」がパッと閃くんです。

もし、「自分の使命や役割」に気付くことができれば、そこから使命を全うする道に進んで行けばいいんです。最初から一足飛びに「自分の使命や役割」を探そうとしても、なかなか上手くはいきませんから。

義男 なるほど、そうなんですか。

並木先生 自分の心の声に耳を傾けられるようになると、人生がスムーズに流れ始めます。問題やトラブルが起こりにくくなり、悩んだり苦しんだりすることも少なくなります。だって、自分が本当にやりたいことをわかって行動しているんですから。

そして、だんだん**「存在しているだけで、幸せを感じられる」**ようになるはずです。

義男 それは素晴らしいですね。私もそんな境地に早くなりたいですよ。暮らしの中で「こうすれば、自分自身と繋がりやすくなる」ということはありますか？

私はウォーキングが趣味で、よく神社やお寺の前を通りかかるんですけど、そういうところを参拝したほうがいいんでしょうか？

神社との本当に正しい付き合い方

並木先生 「神社に行く」という行為自体は素晴らしいですよ。どこかに出掛けたついでに、「寄り道」っていうスタイルで参拝したっていいんですし。
でも、一つ気を付けてほしいのが、**神社は「神様、助けて！」というSOSを発信する場所でも、感謝を捧げる場所でもない**ということです。

義男 ええっ、どういうことですか⁉ 「神様にこれまでの感謝をしてから、願いごとを伝えましょう」なんて「神社ガイド」の本に書いてありましたけど？

並木先生 確かにそういう考え方もありますし、もちろんそれも正解です。でも宇宙の本質から見ると、**参拝の主な目的って「自身の神聖さ」を思い出すため**なんです。

義男 ちょっと、すみません。「自身の神聖さ」って、どういうことですか？

並木先生　わかりやすく言うと、**「本来、人は誰でも神様と同じくらい尊い存在だ」**っていうことです。

義男　えっ、人間って、そんなにすごい存在なんですか⁉

宇宙人　当たり前だろ！　もっと言えば、人間は一人ひとりが神なんだよ！

義男　はぁ、その考え方も初耳ですね……。

並木先生　神社の中には、「鏡」がご神体として祀られているところが多いですよね？　あの鏡の意味は「ほら見てごらん、鏡にはあなたが映っているでしょう？　実は、あなたも神だったんですよ」っていう教えなんです。さらに言うと、**「かがみ」の「が（我＝エゴ）」を取り除くことで、「かみ（神）」であるあなたが現れる**ということでもあるんですよ。

義男　ああ、そうだったんですか！　三種の神器の中にも、鏡がありますもんね。

並木先生　日本には古くから「八百万《やおよろず》の神」という言葉がありますよね。だから、「みんな誰もが神である」という概念は、それほど理解しにくいものではないと思います。それなのに、多くの人たちは自分の力を過小評価し、卑屈になりすぎているんです。もっと自信を持って、自分軸を大切にしながら、人生を満ち足りたものにしてほしい。だから、**神社に行くときも「自分よりも尊い存在である、神様に会いに行く」っていう意識は手放して**ください。インドの挨拶で、「ナマステ」という言葉がありますよね。これはサンスクリット語で、「私の中の神から、あなたの中の神にご挨拶します」っていう意味なんです。神社に行くなら、まさにそんな意識で向き合うことが大切ですよね。

義男　なんだか、畏れ多いなあ……。

並木先生　とはいえ、神社にお参りするなら、そこに祀られている神様の繁栄を祈ることは大事ですよ。平たく言うと「その神様のますますの発展と、繁栄をお祈りします」という気持ちで行くことです。**相手の幸せを「先に祈る」ことは、結果的に自分も発展・繁栄することに繋がります**から。

義男　具体的に、どう言えばいいんですか？　ビジネスシーンでは、よく「御社の益々のご発展を祈念申し上げます」なんて書きますけど。

並木先生　いい言葉があります。**「弥栄《いやさか》」**です。日本の古い言葉で、繁栄を祈るっていう意味なんですが、ニュアンスとしては「万歳」に近いかもしれません。神社を後にするとき「この神社と、神様のご発展を心からお祈り致します」と心の中で唱えて、「弥栄」と締めくくってください。

参拝のとき以外に使っても構いません。プライベートな場面なら、メールの最後の結びに「弥栄」と入れてもいい。「あなたの繁栄を祈念します」という思いでいると、自動的に自分自身の繁栄までバックアップされることになるんです。

義男　わかりました。じゃあ、神社へのお参りって、「必ずしなければいけない」っていうものではないんですね？　うちの妻なんて、行事のときにはムリをしてでも神社に足を運んでいますが……。

宇宙人　心がけとしては、素晴らしく聞こえるけどよぉ、宇宙的な感覚で言えば「わざわざムリをしてまで？」って思うよなあ。

エネルギーは詰まらせずに、どんどん流せ！

義男
じゃあ逆に、自分と繋がるために「やったほうがいいこと」ってありますか？

並木先生
神社への参拝と比べると俗っぽく聞こえるかもしれませんけど、「掃除」や「身の回りの整理整頓」ですね。
自分がいつも過ごしている場所の空気の循環をよくするために、物は少なく、シンプルに。乱雑にせず、ゴミは早めに捨てて、快適に保つことです。そうすることで、エネルギーの滞りを取り除き、循環を改善できますから。
空間をクリアにすることで、思考までクリアになって、より軽やかに動けたり、インスピレーションを受け取ったりできるようになります。**「詰まらせないこと」「流すこと」**が大切なんです。まあ、これは何についても言えることですけどね。

簡単に言うと、僕たちが神なら、自分の家や部屋は神社の本殿にあたるわけです。そこをきれいにするのは、とても大きな意味があるんですよ。

義男 そうなんですか？

並木先生 身近な例を想像するとわかりやすくなりますよ。体の血流だって巡りが悪くなると、冷え性を始め、様々な体調不良が起こり始めますよね？ それと同じで、神様のお社も汚れを溜めずにきれいなほうがいいと思いませんか？

義男 なるほど、それはそうですね。

並木先生 他にアドバイスをするとすれば……。日常、簡単にできる心がけとしては**「食べすぎないこと」**でしょう。

義男 ああ、お医者さんもよく言いますよね。腹八分目がいいとか。でも、その理由って何なのでしょう？ 健康上の理由以外に、何かメリットってあるんですか？

並木先生 食べすぎてしまうときって、心が満たされていないケースが多いんですよ。仕事上のストレス、人間関係の悩み、ちょっとしたイライラやクヨクヨ……。そういったネガティブな感情や感覚を打ち消したいがために、空腹でもないのに、ダラダラ何かを食べてしまう。そんな経験って、誰にでもありますよね？

義男 はい、確かに。恥ずかしながらよくわかりますね（笑）。

並木先生 「心が満たされないから食べる」ということを繰り返していると、太っていくだけではありません。自分の抱えている本質的な問題に気付きにくくなっていきます。「食べること」で刹那的な快楽を味わい、気を紛らわせているんですから。反対に、「美味しいものを少しだけ食べる」食生活にシフトすると、感覚は研ぎ澄まされ、インスピレーションも湧きやすくなります。自分の「本当の気持ち」にも気付きやすくなります。

義男 いやぁ、あなたのおっしゃることはよくわかりますよ。でも、我々のように年齢を重ねてある程度舌が肥えると、やっぱりグルメ志向になっちゃいますよね。

並木先生 大丈夫ですよ、「グルメ志向がダメ」ってことじゃないですから。「うんと美味しいものを適量、よく味わって食べる」ことが大切なんです。もし自分がワクワクするなら、有名店にコース料理を食べに行ったっていいんです。ただ、その場合もパンのお代わりは控える。その程度の心がけでも全く違ってきます。
僕は外食のときは、ビュッフェ形式のお店を選んだり、事前にお店に相談して量を少なめに出してもらったりすることもありますよ。

義男　なるほど、それならできそうだ。

宇宙人　そうそう、禁止ばっかりしてると疲れるから、適当でいいんだよ。アバウトで。

並木先生　ええ。「ジャンクフードは避ける」「スイーツはダメ」など、厳しくルールを決めると、途端に苦しくなります。**身体の声に耳を傾けて、素直に従う**ことも大切ですよ。僕は年に数回、ファーストフードを無性に食べたくなるんですけど、そのときはその声に従っちゃいます（笑）。

義男　ほう、たまにはゆるくてもいいんですね。

並木先生　もちろんですよ。そうじゃないと、窮屈になってしまいますから。

宇宙人　ねぇ、ナミキン。もうすぐ取材の人たちがやってくるよ。今駅だから、このホテルにはあと5分くらいで到着するはず。

並木先生　ああ、もうそんな時間か。

義男　えっ、あなた、これから取材を受けられるんですか？　そんなすごい方に相談に乗ってもらえただなんて、光栄です。でも、取材前だったなんて、申し訳ない！

並木先生　いえ、僕は全然大丈夫ですよ。慣れてますので。それより、**「本当の自分と**

繋がること」を、しっかり意識してくださいね。それが僕の願いです。

義男　そうですね。あなたと話しているうちに、死への恐怖心は和らぎましたよ。今まで私を苦しめていたあれは、いったい何だったんだろう。

並木先生　今日気付いた、たくさんのこと。それこそがあなたの心を満たし、「今」を充実させるカギです。**日々自分の人生を丁寧に大切に生きることで「生」が輝き、対である「死」に対する意識も変化する**んです。あなたは、「死への恐怖」に苛まれるために生まれてきたのではありません。だから、これからは**誰のためでもない、自分のための人生**を生きてくださいね！　過去の哲学者などではなく、あなた自身としっかり向き合い、繋がることですよ。

義男　はい、今日は本当にありがとうございました！

義男はテーブルの上の本を閉じ、並木先生に頭を下げる。

宇宙人からのメッセージ

8

自分の「本当の気持ち」に
従って生きれば、
「死」への恐怖もなくなる。

エピローグ

オフィスに花を飾っている並木先生。
突然大きな光が現れ、中から宇宙人が出てくる。

宇宙人 よっ、久しぶり。元気だった？　大ニュースだぜぇ！
並木先生 半年ぶりじゃん！　大ニュースって、いったい何!?
宇宙人 実は俺、地球滞在の任期を終えて、宇宙に帰ることになっちゃったんだよ。で、地球の浄化に関係することは全部片付けなきゃならなくて……。急に決まったから、もうてんてこまい。参ったよ。
並木先生 ええっ？　そうなの!?　寂しくなるなぁ。しばらく地球には来ないってこと？
宇宙人 うん。他の星にも行かなきゃならなくて。また会えるかどうか、約束はできない。だって、俺たちもナミキンも、永遠に変わり続けていかなきゃならないだろ？
並木先生 もちろん、そうだよ。それが、僕たちの自然なあり方だからね。でもさ……キミと、もう会えなくなるかもしれないなんて、やっぱり寂しいよ。
宇宙人 ナミキン、俺だって寂しいし、別れは悲しいよ……。

並木先生　クソッ、俺こういうしめっぽい雰囲気って、苦手なんだよ！　できれば笑って、二人の未来にワクワクしながらサヨナラしようぜ。

宇宙人　そうだよね。ごめんごめん！　じゃあ、キミとフォローしてきた人たちが、今どうなってるか、一緒に確認してみようよ。8人いたよね？　僕があの人たちを遠隔透視するから、キミはそれを読み取って、パソコンの画面に映し出してくれる？

並木先生　いいねぇ。俺にかかれば、楽勝だよ。

宇宙人　サンキュ。大事な節目に、仲間と一緒に思い出を振り返るのも、いいよね？　じゃあ最初に出会った駅で酔ってた女の子からいくよ。さて、今どんなふうに過ごしているのかな……あ、視えてきた！

並木先生　うううううっっっ……!!!!　よしっ、パソコンに映ったぞ！

結婚願望まみれのアラサー女、ミホ（30歳）の目醒め

彼女、すごい笑顔だね。あっ、もしかして畑で彼氏と野菜の虫取りしてるのかな？　無農薬野菜っぽいね。農家の男性とお付き合いを始めたんじゃない？

宇宙人　仲がよさそうで何より。ありゃ、ゴールイン間近だね。ナミキンのおかげじゃん！

転職に踏み切れない拓馬（34歳）の目醒め

並木先生　若いスタッフたちと楽しそうに仕事してるね。みんな、優秀そうだねぇ。きっと、前の職場を退職して、新しく起業したんだね。

宇宙人　腕のブツブツも治ってる！　好きなことに没頭できる環境をゲットできたなんて、アイツもやるじゃん。ナミキンが助けてやったようなもんだよなぁ。

並木先生　彼はもともとヤル気はあったけど、それを上手く発揮できてなかっただけだよ。

浪費癖に悩む結衣（26歳）の目醒め

並木先生　へぇ……節約術を研究するうちに、100円均一のグッズに詳しくなって、YouTuberになったんだね。それで、こんなに多くのスタッフとスタジオで撮影してるのかぁ。相当な売れっ子みたいだね。これなら広告収入もあるだろうし、

宇宙人　100万円はとっくに貯まってるはず。なら堂々と同窓会に行けるな。ナミキンが、彼女を時代の波に乗せたんだよ。

加齢による不調に悩む陽子（47歳）の目醒め

並木先生　えっ!?　あの姉さんが、大勢の若手スタッフから花束を渡されてる。社内での「昇進祝い」かな。職場の人間関係が前より円滑になったみたいだね。よく視るとヨガ教室のチケットがカバンの中に入ってる。やりたいことをして、歳を重ねることへの不安もなくなってる。ほら、ヘアスタイルがきれいなグレイヘアだよ。

宇宙人　すげえじゃん！　ナミキンのおかげで心が落ち着いて、人生も充実したんだな！

母親との不仲に悩む凛（21歳）の目醒め

並木先生　ここは服屋だね。もしかして、あのカリスマ店員が、ティッシュを配ってた女の子かな？　テレビ番組の取材を受けてるね……一躍有名人じゃない！

宇宙人　ようやく、本当にやりたい仕事が見つかったんだな。しかし大変身だ。
並木先生　カメラに映らないように隠れて見守ってる人、あれ、彼女のお母さんだよ！
宇宙人　マジで！　ナミキン、本当にいいことしたな。親子関係まで改善したじゃないか！

ママ友の輪から抜けたい和美（41歳）の目醒め

並木先生　あの、パソコンに向かって書類を作っているのが彼女かな？　同僚たちと楽しそうに話してるじゃない。新しい職場に、すっかりなじんでるね。
宇宙人　さっさとママ友グループを抜けて、復職すりゃぁよかったんだよ！
並木先生　まぁまぁ、人生にはタイミングがあるからね。あれはあれでよかったんだと思うよ。彼女はあの人間関係で、「必要以上に耐えなくていいこと」を学べたはずだから。

不倫を繰り返す翔太（26歳）の目醒め

宇宙人　年上っぽい女性と腕を組んで、堂々と歩いているのが彼か？　おいおい、またフリンかよ。

並木先生　いや、これは不倫じゃない。よく視てみると……、この女性はどうやら結婚してないみたいだね。

宇宙人　そうなの？　単なる年上好きってこと？　じゃあ、もう罪悪感はないのかね？

並木先生　「罪悪感に苦しむという楽しみ」抜きで選んだ彼女なんだよ。とにかく素敵な恋になるといいね。

生きる理由に悩む義男（59歳）の目醒め

宇宙人　生まれたばっかりの赤ちゃんを抱いてるおじさん。あれが、読書家の彼……？

並木先生　本当だ！　あんなにかわいい孫がやってきたんだもん、嬉しくって、「なぜ生きるのか」なんて悩みは吹っ飛んじゃうよね。

宇宙人　あのおじさん、かなり悩んでたからなぁ。とにもかくにも、よかった、よかった。

◆◆◆◆◆

並木先生　ふう、これで全員か。遠隔透視って、結構なエネルギーを使うんだよね。
宇宙人　ナミキンのおかげで、みんな人生が好転したな。「地球人の人生を変えるのは難しい」って思い込んでたけど、「意外と簡単じゃん！」って考え方が変わったわ！　俺、ナミキンからたくさん学ばせてもらったよ。
並木先生　僕のほうこそ、キミにたくさん助けてもらったよ。たくさんの楽しい思い出をありがとう。キミの言葉、どれも忘れないよ。いつまでも元気でね。って、いかにも地球人的な別れの言葉だよね。もっと気の利いたことが言えればいいんだけど……。
宇宙人　いいよいいよ、十分嬉しい。それよりナミキン、もう、悲しまないでくれよ。「地球を去らなきゃいけない」っていうのは、逆に言うと「宇宙人がいなくても、地球はもう大丈夫」っていうメッセージでもあるんだからさ。

並木先生　そうだね……。僕たち地球人は、それぞれが目を醒まし、自分の人生の主人公として人生を輝かせ、地球と共生していくことが大切だよね。それが、本当の意味で「自立する」っていうことだから。

宇宙人　そうだぜ。俺たちはこれからも、ハッピーエンドの物語を選んでいこうな。スマイル、スマイルっと。おっと、今、上からサインが来た。俺、とうとう帰らなきゃいけないときを迎えてるみたいだ。もう行かなきゃ。

並木先生　わかった。じゃあ、最後にこれだけ言わせて……。今まで、本当にありがとう！ずっとずっと、親友だからね‼

宇宙人は笑顔で大きくうなずいたあと、手を振りながらゆっくりと姿を消していく。急いで窓の外を見上げる並木先生。その視線の先には飛び去るＵＦＯがあった。

悩みの真っ只中にいるあなたへ

この本では、8人のお悩みを取り上げて、ご紹介してきました。

この8人に共通すること。それは「心地よくない・居心地が悪い」という不快感や違和感があったことです。

その感覚というのは、実は「本当の自分」からやって来ているサインなのです。

「あなたが今進もうとしている道は、あなたの本当の道ではないですよ」

「あなたが今やろうとしていることは、本来やるべきことではありませんよ」

そんなサインがやってきたとき、僕たちはそれを心のセンサーで感じ取り、「心地よくない・居心地が悪い」と感じるのです。


大事なことは、それらのサインを逃さずに、キャッチすること。

そのためには、直感的な感覚を大切にすることです。

「頭」で考えることではありません。なぜなら、頭というのは放っておくと、どんどん物事を難しく捉えたり、余計なことで悩み始めてしまうからです。

例えば、せっかく心地よい状態でいるのに、

「こんなに心地よいことばかりでいいんだろうか？」

「もっと頭張ったり、努力したり、忍耐する必要があるんじゃないか」

と、勝手に問題を作り、何の得もしない自問自答を始めてしまうのです。


いったいなぜ、考えなくてもよいことを考え、悩まなくてもよいことで悩んでしまうのか。それは頭が考えたり、悩んだりすることを好むからです。だから私たちは、頭ではなく直感に従って生きること。ワクワクすること、楽しいことを積極的に選ぶことが大切なのです。

もし、悩みごとが頭に浮かんできたら、「本当に、それは悩む必要があるのかどうか」自分に尋ねてみてください。「頭が、好んで作り出した問題で遊んでいる」ことも、意外に多いものですから。

みなさんの中には、「悩みごとの真っ只中にいる」「トラブルの渦中にある」という人もいるかもしれません。そんな方に、とっておきの解決法があります。

「大丈夫、あと○日で終わるから」

そうやって、自分で自分に向けて、励ますように言ってあげるのです。

もし人間関係で悩んでいるなら、自分が「そのトラブルが円満解決した未来にいるところ」をイメージして、「その未来から、悩んでいる今を振り返る」という思考法に切り替えてみてください。

すると、インスピレーションが湧いてきて「問題解決のための知恵や近道」が閃いたりするのです。「未来の自分から今を見る」視点が大切なのです。時制を超越して、視点を変えることで、見えなかったものが見え、気付かなかったことに気付けるようになるのです。

こんなお話をすると、「時制を勝手に飛び越えて、考えちゃっていいんですか？」と聞かれることがあります。でも本来、魂の存在である僕たちは、もっともっと自由な存在です。「時制」をまたいで考えることくらい、朝飯前ですし、時制を超えて活動することだって可能なくらい、僕たちは軽やかで、様々な可能性や才能に満ちた存在なのですから……。

人類のポテンシャルについて話し始めると、ここには書ききれませんので、またの機会にお話しできたらと思います。

僕がいつも歯痒く感じるのは、「遠慮しながら生きている人」が多すぎる、という事実です。

「こんなことを言ったら、相手はどういうふうに思うだろう」

「あんなことをしちゃって、みんなは私のことをなんて言うかしら」

常に意識が「外（外界）」にばかり向いているのです。

でも、僕たちが「現実」と呼んでいるものは、本書で繰り返しお伝えしてきたように、絶対的なものではありません。

「現実」とは、まるで映画のスクリーンに映し出された「映像」のようなもの。フィルムに相当する、僕たちの「意識」が変化すれば、映し出される映像も変わるのです。だから、その意識を変えるために、外ではなく「内（内界）」に意識を向け、自分の感情や感覚に責任を持つことが必要になるのです。

外に意識を向け、本質から離れると、不安や恐れがフィルムとなり、物事が複雑になります。逆に、自分の内にある「こひしたふわよ」という感覚に意識を向ければ、人生は驚くほどシンプルに、スムーズに流れ始めるのです。


僕たちは、本当に大きな可能性を秘めていて、誰もが自分の人生の主人公です。あなたも、この本に登場した8人のように勇気を出して、自分本来の人生を取り戻してください。人生を変化させるのに、遅すぎることはありません。

あなたがこの本を手にしたのも偶然ではなく、偶然を装った「宇宙からのメッセージ」なのだと思ってみてください。実際僕たちは、些細な心がけで変化を促し、その積み重ねが、あるとき自分を大きくシフトさせるのです。

あなたが本当の自分と繋がり、「なりたいものになり、やりたいことをやり、行きたいところへはどこへでも行ける」。そんな人生にシフトできるよう、僕は心から祈っています。

並木良和

イラスト　カヤヒロヤ
デザイン　西垂水敦・市川さつき(krran)
構成　山守麻衣
校正　東京出版サービスセンター
編集　岩尾雅彦・長島恵理(ワニブックス)

宇宙人に聞いた幸せのひみつ

著者　並木良和

2020年8月7日　初版発行

発行者　横内正昭
編集人　青柳有紀
発行所　株式会社ワニブックス
〒150-8482
東京都渋谷区恵比寿4-4-9　えびす大黒ビル
電話　03-5449-2711(代表)
03-5449-2716(編集部)
ワニブックスHP　http://www.wani.co.jp/
WANI BOOKOUT　http://www.wanibookout.com/

印刷所　株式会社 美松堂
DTP　株式会社 アレックス
製本所　ナショナル製本

ISBN 978-4-8470-9950-2